英語ができなくてもできる！

訪日外国人からの評判を高める飲食店の対策集

訪日インバウンド対応総合研究所
堀田実希
Mikiho Hotta

そのまま使える英語文例いろいろ

「これはダメ！」の事例いろいろ

低コストのやり方いろいろ

旭屋出版

目 次

「訪日外国人対応」のために!
本書によく登場する用語集 ---------------------------------------8

第1章 ますます増えるのが確実な 訪日旅行者を上手に集めて 繁盛店になろう ------------------------------------17

7割近くの外国人客が、「本場の日本食を楽しみたい」-----------18

観光地がない、ホテルがない…でも商圏に外国人あり! -------21

実はドル箱! 外国人旅行者-----------------------------------28

外食しない宿泊客。その理由は「歓迎されないから」-----------33

外国人対応は低コストでできる --------------------------------34

第2章 親切で英語の表示をしたつもりでも、 逆効果の場合もある!------------------------------35

簡単な英語の表示が、大きな誤解に----------------------------36

第3章 外国人観光客に対する接客で、優先したいのは、英会話よりも柔軟性とウエルカム姿勢 -------------------------------- **47**

外国人への接客係に向かない人とは? -------------------------------- 48

外国語能力よりも、ウエルカム姿勢を -------------------------------- 56

外国人対応に不向きなスタッフに要注意!
「ネット大炎上」も… -------------------------------- 58

マニュアルありきはNG。応用力を意識して -------------------------------- 60

第4章 外国人向けの「売れるメニューブック」は、こう作れ! -------------------------------- **61**

メニューブックそのままの英訳は、
効果薄で、しかもコスパも悪い -------------------------------- 62

売れるメニューブックづくりのポイント6 -------------------------------- 64

外国人向け「おすすめメニュー」の作り方 -------------------------------- 70

訪日外国人向けに、客単価アップを狙ったメニュー表例 -------------------------------- 76

無料でできる翻訳ツールを紹介 -------------------------------- 78

活用したい「英語のセールス表現」 -------------------------------- 83

目　次

外国人を引き付ける「食感を表す英語表現」------------------------85

英語のネイティブチェックの依頼方法------------------------------86

第5章　スタッフに外国語を話させるより、「指さし会話」のすすめ。＋アプリ活用対応も!------------------------------89

「スタッフが外国語を話せない」を前提にした
仕組みづくりをしよう--90

誰でもすぐに使える「指さし会話ツール」のすすめ--------------91

自店専用の指さしシートをつくろう！------------------------------92

タブレットがあるなら、無料翻訳アプリを活用したい----------95

ラーメン店の券売機用の指差しシート例------------------------96

焼肉店・焼き鳥店用の指差しメニュー説明図の例----------------99

焼肉店用の食べ方説明シート例------------------------------103

食に制限がある人向けのコミュニケーションシート例-------105

4

第6章 外国人はここに戸惑う！日本「独自」の 飲食店ルールと、それの説明方法 -------------- 107

日本の飲食店では常識でも、
外国人観光客には通用しないこと --------------------------------108

入店の方法、喫煙可か不可か、
会計方法、店内案内…のフレーズ--------------------------------119

第7章 訪日外国人向けに有効で、 費用をかけないでできる WEBを活用した集客法のコツ -------------------- 125

ホームページを多言語化はあとまわしでもOK!
まず、タダで使えるSNS・口コミサイトを駆使しよう！ -----127

4.55億人が使う旅行口コミサイト
「トリップアドバイザー」---128

トリップアドバイザーのユーザのメリット ----------------------129

トリップアドバイザーに掲載される飲食店のメリット -------132

外国語の口コミでも、
ウェブ上なら「読める」、「返信もできる」-------------------------136

目　次

お客様に口コミを書いてもらうには、
アイデアよりも「コミュニケーション」----------------------------138

日本人にも効果が絶大！
Google マイビジネス--142

英語ができなくても使えるSNS「Instagram」------------------155

第8章 予算１万円以下で、自分でカンタンに作れる訪日外国人集客ツール----------------------------179

意外と効果がある、「紙のチラシ」での集客----------------------180

外国人向けのチラシづくりで欠かせない2つのポイント -----181

外国人観光客が持って行ってくれる
場所・施設にチラシを置いてもらう--------------------------------186

民泊施設オーナーに送る交渉メッセージの文例----------------193

第9章 食に制限がある人対応、イスラム教徒、ベジタリアン、食物アレルギーの方への接遇とコミュニケーション例 195

イスラム教徒対応とは？ 197

ハラール認証は必須ではない 198

結論として、イスラム教徒の人向けに、何をすればいいのか 206

イスラム教徒の人向けに、飲食店がすべき具体策 207

イスラム教徒向けの肉は、市販されています 209

イスラム教徒向けの醤油、酢、みりん、めんつゆ 210

ベジタリアンとは? 218

ベジタリアンにも、いろいろ 219

結論として、ベジタリアン向けに、何をすればいいのか? 221

食物アレルギー対応 222

食物アレルギー用の会話例 225

イスラム教徒・ベジタリアン・食物アレルギー対応をしたらすべき集客術 234

著者プロフィール 239

「訪日外国人対応」のために！
本書によく登場する用語集

アカウント

コンピューターやネットワーク上のサービスなどを使用する権
利を「アカウント」と総称する。狭い意味では、ID（ユーザー名、
アカウント名とも呼ばれる）とパスワードの組み合わせのこと
を「アカウント」と言うこともある。「なりすまし」を防ぐために、
企業などは、「公式アカウント」を取得して公表するところが多
い。

アプリ

アプリケーションの略。スマートフォン (スマホ) を便利に使う
ための、作業目的に応じて働くソフトウエアのこと。翻訳アプリ、
地図アプリ、タクシーの配車アプリなどがある。

位置情報

スマホ (スマートフォン) やタブレットでアプリをインストール
するとき、アプリを利用するときに、「位置情報」をオンにする
か確認するメッセージが表示される。位置情報をオンにすると、
目的の場所までの経路案内などのサービスを利用できる。スマ
ホ端末にはじめから備わっているものや、専用アプリをインス
トールすることで使用できる機能がある。

インスタグラム

Instagram　スマホで写真や短かい動画を共有することができる、無料アプリおよびそれを用いたサービスのこと。写真に特化したSNS(ソーシャル・ネットワーキング・サービス)の一つ。スマートフォンで撮影した画像をいろいろと加工し投稿・共有できる。また、Facebook(フェイスブック)、Twitter(ツイッター)など、他のSNS(ソーシャル・ネットワーキング・サービス)にも写真を投稿することができる。

インスタ映え

インスタグラムに投稿したときに注目度が高い写真のことを「インスタ映えする」と言う。2017年の流行語大賞に選ばれた言葉。

SNS

ソーシャル・ネットワーキング・サービス（Social Networking Service）の略。ウエブ上で社会的ネットワーク（ソーシャル・ネットワーク）を構築を可能にするサービス。現在、代表的なSNSは、Facebook(フェイスブック)、LINE(ライン)、Twitter(ツイッター)。

インバウンド

Inbound　他国から自国に来る旅行者のこと。日本に来る外国人観光客のことを指す。対義語はアウトバウンド(outbound)。観光ではなく、仕事で他国から日本に来る人もいるので、総称して「訪日外国人」という言い方を本書では多用しています。

「訪日外国人対応」のために！本書によく登場する用語集

インフルエンサー

Influencer Influence（影響、感化、作用）を語源とする用語で、インターネットのブログや動画サイト、ソーシャル・ネットワーキング・サービス (SNS) を通じて、他のユーザーへのクチコミの影響力が大きいキーパーソンのことをインフルエンサーと呼ぶ。そのときどきの好感度の高いタレントや注目度が高まっている有名人がインフルエンサーになることが多い。

公式アカウント

LINE(ライン)のアカウントには、一般のユーザーが使うものの他に、公式アカウントと呼ばれるものがある。多くの公式アカウントが、企業やブランドによって運営され、情報やサービスを発信している。また、Twitter(ツイッター)では認証済アカウントとも呼ぶ。公式アカウントが付くことにより、企業や有名人のなりすまし防止になり、偽物でなく本人（本物）であることを表すことができる。

ツイッター

Twitter SNS(ソーシャル・ネットワーキング・サービス)の一つ。「ツイッター」の意味は「つぶやき」。自分の言いたいこと (140字以内) を管理画面から入力すると、それが「つぶやき」としてサーバーに保存される。事前に登録しておくと、「つぶやく人」が何も指定しなくても、読みたい人のもとにつぶやきが届けられる。この、読み手が行う事前登録のことを「フォローする」という。「フォローする人」は、自分にとっての「フォロワー」になる。相手のつぶやきが表示される自分のページを「タイムライン」と呼ぶ。

トリップアドバイザー

トリップアドバイザーは、旅行コミュニティサイトとして、現在、世界最大のサイト。ホテルの予約業務は行わず (リンクはある)、旅行者から寄せられる情報やアドバイスをサイトに反映させるサイト。世界のあらゆる地域の「旅行者からの情報」を掲載しているので信頼度も最も高いと言われている。

ネイティブチェック

たとえば、日本語を英語に翻訳するとき、その英語が文法的に正しいかどうかを、英語を母国語にする人に確認してもらうこと。また、そこには、より自然な文章であるかどうかの確認作業も含まれる。 日本語も同様だが、言葉は時代ともに言い回し、表現の仕方が変わるので、「今はこう言ったほうが自然」という言い方に翻訳したほうがベターなので、ネイティブチェックは大切にされる。

ハッシュタグ

Facebook(フェイスブック)、Google+ (グーグルプラス)、Instagram(インスタグラム)、Twitter(ツイッター) といったソーシャル・ネットワーキング・サービス (SNS) に投稿したメッセージにおいて言葉やフレーズの前に # (ハッシュタグ) を付けると、文章内に表示されるか、文章の語尾に追加される。言葉やスペースの無いフレーズの前にハッシュ記号 (番号記号)、# を付ける形のラベルであり、# ●●●●というハッシュ記号を付けた用語で検索すると、その項目に関する投稿をまとめて閲覧することができる。逆に、この項目に関して他の人に見てもらえる機会ができる。

11

「訪日外国人対応」のために！本書によく登場する用語集

ハラール

日本では、「ハラル」と表記されることもある。イスラーム法において合法なもののことをハラールという。端的にはイスラム法上で食べることが許されている食材や料理を指す。非合法なもののことをハラームという。そして、それ以外のハラールでない物のことを非ハラール（non halal）、ハラム（ハラーム、haram）と称することもある。

ハラール認証

イスラム教の戒律に則って調理・製造された食品や商品であることを証すること。ハラール(ハラル)とはイスラム法において「合法なもの」の意味。厳格には、イスラーム法で禁じられたものが入った飼料で育てられた食肉も、豚肉の入った冷蔵庫に保管された食品も、酒類を使い調理された料理も「ハラール」ではないとされる。

ハラールフード

イスラム教の教えで食べてよいとされている食べ物のこと。ハラルフードには細かい決まりごとがたくさんある。全面的に禁じられているのは、豚肉とアルコール。厳密には、豚から派生したすべてのもの、および豚と接触した食品もすべて禁忌とされている。例えば、豚から抽出したエキスを含む調味料や出汁と、それで作るスープなど。豚を調理した道具を使って調理された食材。豚を運んだトラックや豚肉を入れた冷蔵庫で保管された食材。豚肉・豚骨エキスが配合されている餌を食べた家畜などはすべてハラルフードではない。アルコールは、飲料としては全面的にタブー。厳密には、消毒用アルコールや発酵過程でアルコールが自然に産生される調味料（醤油やみりんなど）もダメだが、一定量の濃度が規定値以下ならば OK とする考えを持つ人もいる。同じイスラム教徒（ムスリム）でも宗派や国、地域、個人によって解釈が異なるため。

ビーガン

Vegan「ヴィーガン」と表記されることも。ベジタリアンとは様々なタイプの菜食主義者の総称で、その中で、ビーガンは卵や乳製品を含む、動物性食品をいっさい口にしない「完全菜食主義者」のこと。さらに、ビーガンの中にも、食品だけでなくレザーや毛皮などの動物製品も使用しないという主義の人、果物など収穫により植物を殺さないものを食べる主義の人などに分かれる。

「訪日外国人対応」のために！本書によく登場する用語集

紐づけ

「関連づける」という意味だが、最近では、主にインターネット上で「リンクする」とか「リンクを張る」というような、他のサイトと関連付ける意味で使われる。「リンク」とは、ウエブ上のページとページをつなぐことをいう。

フォロワー

follower 「後に続く者」「追従者」といった意味の英語。

Twitter(ツイッター)には「フォロー」という機能がある。これは指定した人のツイートを自分のホームタイムライン上で閲覧・確認できるようにするもの。フォローをすることで、フォロワーになる。フォロワーとは、SNS(ソーシャル・ミットワーキング・サービス)において、特定のユーザーの更新状況を把握でき、その人のSNS活動を追っている者のこと。

Facebook(フェイスブック)にも「友達」の動向(アクティビティ)を自分のアカウントのニュースフィード上に表示させる機能があり、Twitetrのように「フォローする」「フォロワーになる」の表現がされる。

フェイスブック

Facebook 世界規模で利用されるソーシャル・ネットワーキング・サービス（SNS）の、Twitter(ツイッター)と並んで代表的なものの一つ。13歳以上であれば無料で参加可能。会員になるには、実名・本人の顔写真・生年月日・勤務先・趣味・出身校といった個人情報の登録が必要。インターネットに接続したパソコンやスマホなどからアクセスし、登録した個人情報を利用して、関係する人や同じ趣味を持つ人など、交流したい会員とコミュニケーションを図れる。

ベジタリアン

Vegetarian　菜食主義者と訳される。肉や魚などの動物性食品をとらず、野菜・芋類・豆類など植物性食品を中心にとる人。肉類に加えて卵・乳製品なども一切食べないビーガン、植物性食品と卵を食べるオボベジタリアン、植物性食品と乳製品を食べるラクトベジタリアンなどのタイプに分かれる。

なお、現在、ベジタリアンの定義は流動的で、畜肉を食べない人を広義なベジタリアンとする傾向もあり、ほかに、宗教的教義、動物愛護、地球環境保全や途上国援助のために菜食主義を選択するベジタリアンもいる。

「訪日外国人対応」のために！本書によく登場する用語集

民泊

「民泊」という言葉に法律上の明確な定義がないが、個人同士の部屋の貸し借りを仲介するインターネットサービスが急激に普及したことで、現在では自宅の一部や全部、または空き別荘やマンションの一室などを他人に有償で貸し出すことを「民泊」と指すようになった。日本では個人が自宅の空き部屋を貸し出すといった小規模なものから、不動産企業が「訪日外国人観光客の増加」と「宿泊施設の不足」、「空き家問題」の対策として大型宿泊施設として大規模に展開するケースもある。

民泊をめぐる５つの法規制があり、旅館業法簡易宿所営業、特区民泊、住宅宿泊事業、イベント民泊、農泊に分けられる。

ムスリム

イスラム教徒のことをムスリムと呼ぶ。ハラルとは神に従って生きるイスラム教徒（ムスリム）の生活全般に関わる考え方。ハラルマーケットは、ムスリムの日々の生活全てに関わる商品やサービスなどの提供を全て含んだ、とても幅の広い市場。

16

第1章

ますます増えるのが確実な

訪日旅行者を上手に集めて

繁盛店になろう

★ 「うちの店は関係ない」と思っていたら損します。

★外国語ができなくても、対策はカンタンです。

★外語人観光客は、常連客を増やす核にもなります。

第1章　ますます増えるのが確実な
　　　訪日旅行者を上手に集めて繁盛店になろう

7割近くの外国人客
「本場の日本食を楽しみたい」

　首都圏の公共交通機関を利用すると、外国人観光客の姿を見ない日はないのではなかろうか。国を挙げての観光政策の成果もあり、訪日外国人観光客数は2017年に2800万人を突破。「爆買い」で知られる中国人、グルメな韓国人、テーマパークが大好きな台湾人などアジアを中心に、雪に憧れる東南アジアの人々、山を楽しみたい欧米人と、世界中から様々な目的で日本に来ている。

　日本政府観光局（JNTO）が2017年7月～9月に行った外国人観光客向けの調査によると、「訪日前に期待していたこと（複数回答可）」という設問に対し、70％が「食事」、21％が「日本のアルコール（日本酒、焼酎）を飲むこと」、と回答している。諸外国での日本食ブームをみると、「本場の日本で日本食を楽しみたい」という外国人の気持ちも容易に想像できる。日本国内の消費人口が減少している今、飲食店としてはこういった外国人観光客を取り込み、新たな客層として定着させたいところだ。

18

平成29年7月〜9月期
国別の訪日外国人旅行者数(上位10)

2016年(平成28年)の訪日外国人の総数は2404万人。月平均で200万3千人。平成29年7月−9月の訪日外国人の総数は743万9118人で、この3か月の月平均は247万9706人。かなり増えてきていることがはっきりしている。訪日外国人の8割がアジア圏の人で、アジア各国からの訪日観光客の増加率も高い。

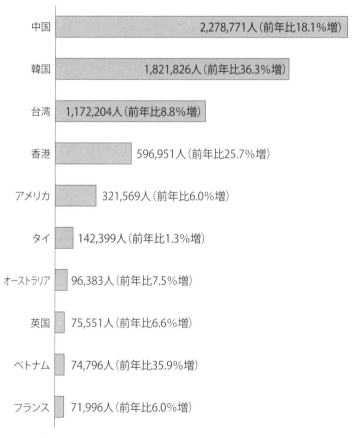

中国	2,278,771人(前年比18.1%増)
韓国	1,821,826人(前年比36.3%増)
台湾	1,172,204人(前年比8.8%増)
香港	596,951人(前年比25.7%増)
アメリカ	321,569人(前年比6.0%増)
タイ	142,399人(前年比1.3%増)
オーストラリア	96,383人(前年比7.5%増)
英国	75,551人(前年比6.6%増)
ベトナム	74,796人(前年比35.9%増)
フランス	71,996人(前年比6.0%増)

※観光庁「観光統計」 訪日外国人消費動向調査 平成29年7-9月の調査結果(速報)をもとに作成

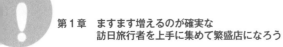

第1章　ますます増えるのが確実な
　　　　訪日旅行者を上手に集めて繁盛店になろう

平成29年7月～9月期
国籍・地域別の訪日外国人 1人当たりの旅行支出額(上位10)

訪日外国人の1人当たりの旅行支出額の平均は16万5412円。平均額より高い上位10の国が下の国々。ベトナムと中国を除いて、欧米の国からの訪日外国人の旅行支出額が高い。

全国平均	165,412円(前年比60.5%増)
ベトナム	238,385円(前年比4.6%増)
中国	235,068円(前年比31.5%増)
フランス	228,571円(前年比12.5%増)
スペイン	216,308円(前年比9.6%増)
英国	214,853円(前年比3.2%増)
ロシア	193,967円(前年比3.0%増)
米国	192,162円(前年比9.5%増)
ドイツ	191,985円(前年比5.9%増)
イタリア	188,412円(前年比12.4%増)

※観光庁「観光統計」　訪日外国人消費動向調査　平成29年7-9月の調査結果(速報)
　をもとに作成

観光地がない、ホテルがない…
でも商圏に外国人あり！

「東京や大阪には外国人が多いが、地方には来ない」「うちは住宅街のはずれにあるところだから、観光客はやって来ないだろう」など、商圏内に外国人が来ないと結論付けるのは早計だ。それには二つの理由がある。

第一に、民泊の拡大だ。民泊とは、だれも住んでいない一軒家やマンションの空室をホテルとして旅行客に提供するビジネスで、見えないホテルだ。近隣住民とのトラブルをはじめ、ここ数年で注目を浴びた。2018年6月には民泊新法が施行され、大手不動産会社や個人が、遊休資産を合法的に民泊として活用することが予測される。

自店の商圏にホテルがないと思っていても、民泊物件が増殖しているかもしれない。定期的に時間帯を変えて商圏を観察し、大きなバックパックを持った外国人や、スーツケースをタクシーに積み込もうとしている外国人の姿がないか確認してほしい。

第二に、外国人は何に興味を持つか、日本人には想定できないためだ。日本人の感覚では観光地ではない場所も、外国人の目線では魅力的に映ることが多々ある。

例えば、徳島県三好市の山里「名頃」。人口40人未満の限界集落だが、2014年ごろから徐々に外国人観光客が姿を現すようになった。きっかけは、ドイツ人旅行者が動画共有サイトに投稿したドキュメンタリー動画。「人間の数より、人間そっくりに作られたかかしが多い村」と紹介され、動

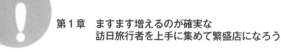

第1章　ますます増えるのが確実な
　　　　訪日旅行者を上手に集めて繁盛店になろう

画再生回数は50万回を超える。旅行口コミサイトにも、「かかしの里」には四か国語で投稿が寄せられている。

　そのほか、海外ドラマ・映画のロケ地になったり、日本アニメの舞台になったりと、自分の店の商圏が知らない間に観光地化されることもある。「聖地巡礼」にやってくる外国人がいる、ということも覚えておいて損はないだろう。

外国人も「君の名は。」の聖地巡礼

2016年8月に封切りし、日本で大ヒットしたアニメ映画「君の名は。」。この作品は、同年秋に台湾・シンガポールなどでも公開され、100か国以上に配給された。外国人の熱烈ファンも多い。日本のカルチャーを英語で紹介するオンラインメディア「tofugu」が、Google mapで関連場所をリスト化した「聖地巡礼マップ」を公開すると、2018年4月現在5万人以上が閲覧した。

もし、お店の近くがロケ地になった作品があれば、作品にまつわる海外での動向も注意してみよう。

平成29年7月～9月期
訪日外国人旅行消費額の費目別構成比

訪日外国人が旅行で消費する費目は、宿泊料金、飲食費、交通費、買い物代が主。下のグラフは平均のものだが、それぞれの割合は、訪日する国によって特徴がみられる。次ページに国別の旅行消費額の費目別構成比を掲載する。

| 宿泊料金 29.7% 3,655億円 | 飲食費 21.1% 2,591億円 | 交通費 11.2% 1,379億円 | 娯楽サービス費 3.3% 412億円 | 買い物代 34.2% 4,204億円 | その他 0.5% 64億円 |

※観光庁「観光統計」　訪日外国人消費動向調査　平成29年7-9月の調査結果(速報)をもとに作成

増える　外国人向けゲストハウス
「貸事務所」からリノベーション

都内・一等地に6階建てビルを持つ瀧口さん。5階以上は家族が住宅として使い、1～4階は長年、貸事務所として運営していた。イギリスの大学にも留学経験のあるオーナー家族が「ここは歴史があり、風情のある街。利益追求も大事だが、もっといい使い方ができないか」と考えた末、79平米・ベッド数5台の小規模ゲストハウスにリノベーションすることを決意。ファミリー向けの貸し切り型宿泊施設として運営し、外国人率が5～8割のゲストハウスに変身した。日本人の宿泊客も多い。立地の利便性が好評で、hotel.comとexpediaではゲスト評価エクセレント評価を獲得した。建築士の鈴木淳平氏によると、「事務所を民泊やゲストハウス向けにリノベーションしたいという話はよく聞く」。

第1章　ますます増えるのが確実な
　　　　訪日旅行者を上手に集めて繁盛店になろう

平成29年7月〜9月期
国籍別・地域別の訪日外国人の費目別旅行消費額

概して、欧米からの訪日外国人は、宿泊料金を多く使い、観光地を移動して訪れる傾向にあるようだ。アジアからの訪日外国時は、買い物にお金を使う比率が高い。飲食費は、20％前後の国が多い。娯楽サービス費は、美術館・博物館の入場料やスポーツ・文化体験にかかる費用が含まれる。

	宿泊料金	飲食費	交通費	娯楽サービス費	買い物代	その他
中国	24.5% 1,331億円	18.7% 1,015億円	9.0% 487億円	3% 166億円	44% 2,392億円	0.8% 41億円

訪日外国人の4分の1が中国人。「中国人といえば団体ツアー」と連想しがちだが、団体ツアー比率は38％（2012年）→33％（2017年秋）と減少傾向。スマホでのオンライン決済が当たり前という国なので、AlipayやWe chatでの決済導入も集客につながりそう。JNTO調査の「一番満足した料理」ではラーメンと魚料理がそれぞれ約2割。

	宿泊料金	飲食費	交通費	娯楽サービス費	買い物代	その他
韓国	32.2% 436億円	27% 369億円	10.4% 142億円	5.4% 74億円	24.8% 337億円	0.2% 3億円

訪日客の4分の1が韓国人。グルメ志向で、飲食費が一番高い。ラーメンなどカジュアルな日本食や、バー・居酒屋巡りに関心がある。リピーター率は8割と高く、20代・友人同士で来るグループが多い。日本の10〜20代に受けるメニューが好評。JNTO調査では4人に1人が「肉料理」と答えているので、肉たっぷりのボリューミーな写真や、写真を裏切らない質が重要そう。

	宿泊料金	飲食費	交通費	娯楽サービス費	買い物代	その他
台湾	29.4%	22%	12%	3.8%	32.6%	0.2%
	438億円	328億円	148億円	57億円	485億円	4億円

全体の15%を占め、8割がリピーター。意外なことに、台湾人の約10%が宗教的な理由でベジタリアン（台湾素食）。肉不使用メニューやベジタリアンメニューをアピールして集客につなげられそうだ。食べた料理の満足度では、4人に1人が「ラーメン」に満足。

香港	29.4%	22.5%	11.3%	2.9%	33.9%
	277億円	212億円	106億円	27億円	319億円

7割がレジャー目的。8割以上がリピーターで、2割が10回以上日本に来ている。日本旅行慣れしている人が多いため、日本のマナーに対する知識もある。ファミリーとカップルでの旅行が多い。肉料理と魚料理がそれぞれ好評。

アメリカ	39%	23%	17%	3.4%	17%	0.6%
	244億円	144億円	104億円	21億円	101億円	4億円

レジャー比率は4割程度で、ビジネスや親族・友人訪問が多いのが特徴。「ビジネスパートナーに連れて行ってもらった飲食店をプライベートの旅行でも使う」ことも多い。留学生や軍関係者など日本に住んでいる米国人へのアプローチが重要。着地型旅行や文化体験に対する意欲が高いため、寿司教室など、体験と合わせた商品も引きが強い。

第1章　ますます増えるのが確実な
　　　　訪日旅行者を上手に集めて繁盛店になろう

	宿泊料金	飲食費	交通費	娯楽サービス費	買い物代	その他

タイ

35.1%	18%	9.5%	2.7%	34.3%	0.4%
78億円	40億円	21億円	6億円	76億円	1億円

7割がリピーターで、20〜30代の女性が特に多い。企業ミーティングや国際会議、ビジネス目的での訪日も多い。タイに限らず、東南アジアでは日系企業が営業成績の良い・勤続年数が長い現地スタッフを、半分ご褒美・半分研修目的で日本に送るケースが増えてきている。

オーストラリア

42.2%	23%	15%	3.2%	16.6%
79億円	43億円	28億円	6億円	31億円

5割がリピーター。4割が一人旅で、そのほか夫婦やカップル旅行。男女では男性が6割で、そのうち20代男性が特に多い。ラーメンが好評で、4人に1人は「一番満足した食事」に挙げている。

英国

46%	26.3%	12.9%	2.5%	12.3%
75億円	43億円	21億円	4億円	20億円

レジャー・ビジネスの割合が半分程度。食の支出も高めだ。4人に3人が実際に日本酒や焼酎をたしなみ、満足度も高い。さまざまな日本酒に挑戦できる飲み比べプランに引きが強そうだ。寿司・そば・うどん・肉料理が好評。

	宿泊料金	飲食費	交通費	娯楽 サービス費	買い物代
ベトナム	21%	23%	9.2%	└1%	45.8%
	41億円	45億円	18億円	2億円	89億円

爆買いと言えば中国人といえそうだが、一人当たりの買い物額が一番高いのがベトナム。食や酒への興味はそれほどではなく、支出は抑え気味。在日ベトナム人技能実習生・留学生らを味方につけ、ウェブ・SNSのPRのヒントを得てほしい。

フランス	40.9%	18.3%	18.9%	3.6%	18.3%
	69億円	31億円	32億円	6億円	31億円

20〜30代の男性が特に多い。他の国と比べ「おひとりさま」も多いのが特徴。フランスではまだ日本はそこまでメジャーな旅行先ではなく、6割近くが初めての訪日。4人に1人は民泊施設を利用している。

※観光庁「観光統計」 訪日外国人消費動向調査 平成29年7-9月の調査結果(速報)をもとに作成

〈飲食店は個人旅行者をねらえ！〉

　団体ツアーは、いつ・どこに泊まるか・どこで何を食べるかなど、すべて旅行会社に決められている。一方、個人旅行者は詳細には決めていない。出発前に「3日目のディナーはミシュラン2つ星のこの店で。6日目のランチはあのブロガーがおすすめしていたラーメン店で」とピンポイントで決めているケースもあるが、そのほかの食事は現地の雰囲気や体調で決める。

第1章　ますます増えるのが確実な
　　　　訪日旅行者を上手に集めて繁盛店になろう

実はドル箱！外国人旅行者

「外国人観光客は通りすがりの一見さん。次につながらない、もうけに直結しない客」と判断しがち。しかし、三つの理由から、外国人旅行者は実はドル箱顧客と言える。

（1）バイラル効果で客が客を呼ぶ　　外国人観光客の口コミ

みずほ情報総研の調査では、外国人観光客のうち86％が、日本滞在中の食事やレジャーについて、家族や友人に話したり、インターネットに投稿したりと、口コミを広げるという。

確かに、外国人観光客は長期リピーターになりにくい存在だ。同じ人物・グループが長期的に高頻度で店に通うことはあまりない。だが、店を訪れた外国人観光客は食べたものを撮影し、Facebookやトリップアドバイザーなどの SNS、または自分のブログにアップする。広告塔の役割を自発的に担い、次の客を連れてきてくれるのだ。

もしたまたま、インフルエンサー（Facebookやインスタグラムのフォロワーが多い、影響力を持つ）がお店を訪れ、ポジティブな感想をつぶやいたのだとしたら、それだけで数千万円分の広告効果が期待できる。

（2）ハラール、ベジタリアン…
専用メニューで絶大な集客

　外国人観光客の口コミ力の中でも、とりわけ威力が絶大なのは、イスラム教徒向け、ベジタリアン向けの情報だ。食事制限があるがゆえ、正確な食事情報を切実に求めている。

　しかし、言葉の壁によるミスコミュニケーション、店員側の理解不足から、「日本の店側が提供する情報はあてにならない」と判断する者もいる。彼らが最も信用している情報源は、自分と同じ立場であるイスラム教徒あるいはベジタリアンの口コミなのだ。

　Facebook 上には、そういった滞日経験のあるイスラム教徒のグループがあり、「あの店はハラール認証を取得していないが、ハラールのラーメンを出している」といった口コミや、「恵比寿の友人の家に泊まるのだが、ハラール認証を取得しているレストランは近くにあるか知っている人はいませんか？」などの相談が日々寄せられている。このイスラム教徒コミュニティで太鼓判を押されれば、ムスリム客の太いパイプが見込めるだろう。

（3）リピート率は意外と高い。３日連続来る客も

　外国人観光客にとって、外食の店探しは楽しみでもあるが、苦労でもある。まず、言葉の問題が大きい。メニューや店の雰囲気もわからない上に、店員とどの程度コミュニケーションができるかわからない。体力が有り余っているときならば、それらの困難は海外旅行のだいご味として楽しめる。しかし、慣れない街をたくさん歩いて疲れ果て、

第1章　ますます増えるのが確実な
　　　　訪日旅行者を上手に集めて繁盛店になろう

空腹を抱えているときの店探しは、苦行でしかない。さらに、「外国人お断り」と追い返される時さえあるのだ。そんな中、自分を歓迎してくれる店を見つけたら、滞在期間中は何度も足を運びたくなるという。

　東京・恵比寿の民泊物件に4泊して東京観光をした英国人のカップルは、小さなイタリアンレストランに、3回も通った。店員は英語を話せないが、「居心地がよく、リラックスできたから」だという。「メニューが気に入ったから」「日本食ばかりでは飽きる。夜はパスタとか、食べなじみのあるものを食べたい」とも話した。最終日には、店員と3人で写真を撮り、「友達に紹介する」とショップカードを3枚持ち帰ったという。

（4）実は高い、訪日外国人の客単価

　日本の外食の値段は諸外国に比べると安い。日本の外食産業はデフレが続き、値段が下がり気味なのだ。

　マクドナルドのビックマックの価格は、韓国やタイよりも安いのだ。ロンドンやニューヨークではラーメン一杯2000円という価格設定も珍しくない。インドネシアのジャカルタでは、本格日本食チェーンの値段が日本の1.7倍程度する。外国人からは「衛生面やサービスの割に値段が安い。コスパ高い」という評価を得ている。それゆえ、外国人観光客の中でも、「食費は安く抑えよう」派と、「安いんだから、いっぱいいろいろ食べてみよう」、「この中で一番高くていいものを食べよう」派に分かれる。後者がドル箱になるのだ。

　銀座にあるステーキ店は「外国人は単価が日本人と一桁

違う」とも話す。「アルコールやオプションのオーダーの仕方が日本人と違う」。

　ひと工夫で客単価を上げる取り組みもある。新宿のとあるそば店は、外国人が選びやすいよう３〜５種類の日本酒と組み合わせた「日本酒飲み比べセット」をつくり、客単価を約2000円上げた。

　客単価を上げられるメニュー例は、４章でも紹介しているので、参考にしてほしい。特に、「本当はこういうメニューを提供したいけど、客単価が合わないから」とあきらめたアイディアがあるお店は、ぜひ外国人向けにアレンジしてみてほしい。

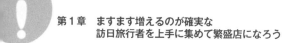

第1章　ますます増えるのが確実な
　　　　訪日旅行者を上手に集めて繁盛店になろう

平成29年7月〜9月期
国籍・地域別の訪日外国人1人当たりの
総支出額とその中の食費

訪日外国人の滞在中の1人当たりの支出額は、前年比で増加している国が多い。1人当たりの飲食費の割合が高い国は、韓国、英国、カナダ、スペイン。アジアからの訪日外国人は、長期滞在する人も多い。

(円/人)

国籍・地域	総額	前年比	飲食費	総支出の中の飲食費の割合	平均泊数(泊)
全国籍・地域	165,412	+6.6%	34,829	21.1%	11.3
韓国	74,726	+10.0%	20,233	27.1%	5.5
台湾	127,106	+6.0%	28,003	22.0%	8.1
香港	157,652	+7.2%	35,536	22.5%	7.3
中国	238,385	+4.6%	44,561	18.7%	13.3
タイ	155,627	+26.8%	28,223	18.1%	18.8
シンガポール	143,155	-20.2%	32,002	22.4%	7.0
マレーシア	135,524	+15.0%	23,372	17.2%	15.7
インドネシア	145,426	-0.4%	28,065	19.3%	19.3
フィリピン	147,614	+5.0%	24,437	16.6%	25.5
ベトナム	259,749	+60.5%	59,649	22.9%	36.6
インド	185,562	+21.5%	30,842	16.6%	26.7
英国	216,308	+9.6%	56,990	26.3%	16.4
ドイツ	191,985	-5.9%	39,118	20.4%	21.3
フランス	235,068	+31.5%	43,047	18.3%	20.5
イタリア	188,412	-12.4%	36,354	19.3%	17.0
スペイン	228,571	+12.5%	54,728	23.9%	13.0
ロシア	214,853	-3.2%	41,645	19.4%	28.1
米国	192,162	+9.5%	44,746	23.3%	20.1
カナダ	163,297	-1.6%	42,377	25.9%	16.2
オーストラリア	193,967	-3.0%	44,383	22.9%	13.4
その他	243,468	+49.1%	53,081	21.8%	15.7

※観光庁「観光統計」　訪日外国人消費動向調査　平成29年7-9月の調査結果(速報)
　をもとに作成

外食しない宿泊者。
その理由は「歓迎されないから」

　現在利用者が急増している「民泊」。この民泊利用者の
うち、外食をしないという人も多い。前項でも述べた通り、
店探しは旅行者のストレスだ。疲れているときに「歓迎さ
れていない（厄介者扱いされている）というのを感じたく
ない」「言葉が通じない相手と話すは不安」と、中食（なかしょ
く）に頼るのだ。

　旅行者からすると、不安材料の多い居酒屋店に行くより
も、視覚的にもメニューがわかりやすいデパ地下で選び、
ホテルで仲間と食べるほうがリラックスできるという。日
本訪問回数が多いリピーターの中には、「通いたくなる飲食
店は見つけられていないが、訪日時に楽しみにしている（デ
パ地下の）サラダショップがある」と話す者もいた。

　これは、言い換えれば、飲食店が外国人対応をしていな
い結果、中食が外国人の胃袋をつかんでしまった、と言え
るのだ。

第1章　ますます増えるのが確実な
　　　　訪日旅行者を上手に集めて繁盛店になろう

外国人対応は低コストでできる

　「外国人対応」に高い壁を感じている飲食店経営者が多いのではないだろうか。外国人対応と聞いて「メニュー外国語表記」「英語ができる人材の確保」「ウェブサイトの多言語化」「外国語の予約システム」「高額なハラール認証を取得したメニュー」などを連想しがちだが、待ってほしい。

　外国人観光客は英語ペラペラだけれども事務的な対応の店員よりも、英語はつたなくても「歓迎されていると感じることができる対応」を求めているのだ。これらは、初期費用ゼロでできるはずだ。

　2017年6月に発表された、外国人の旅行口コミサイト「トリップアドバイザー」で、「外国人に人気の日本のレストランランキング30」に寄せられた口コミによると、味よりも雰囲気・英語が通じるか・店員がコミュニケーションをとろうとしてくれたかが評価基準になっていることがうかがえる。「店は小さい。店員は、英語はあまり話せないがベストを尽くしてくれた」、「家族の一員になったような歓待」、そんなコメントが人気店に並んだ。

　訪日インバウンド対応総合研究所は、本書で「外国語ができるスタッフがいない」という飲食店でも、低コスト・初期費用ゼロでできる外国人対応のコツ・ノウハウを紹介する。外国人対応・集客にぜひ役立てていただきたい。そして、ぜひともに、「観光地としての日本」の魅力向上をしていきましょう。

第2章

親切で英語の表示を

したつもりでも、

逆効果の場合もある！

★日本語感覚の英語表記で誤解が生じる場合が、ある。
★意図せぬ悪印象を与える英語表記も、ある。
★気を付けたい「差別」をイメージさせる英語表示。

第2章 親切で英語の表示をしたつもりでも、
逆効果の場合もある！

簡単な英語の表示が、大きな誤解に

　訪日客の増加とともに、外国人観光客を取り込みたい・遠慮したいという意思にかかわらず、外国人観光客が店に入ってくる。スタッフが限られているお店は、ピークタイムは「うちには英語が話せる人がいないからお断り」と入店拒否をしたくなる気持ちになるだろう。そこで注意したいのは、そのときの言葉や表記だ。

　訪日外国人観光客が年間500万人未満だった2000年代前半までは、海外では日本旅行そのものの敷居が高かった。日本に旅行に来る外国人は日本文化に興味があったり、日本語を勉強していたり、熱心な日本のサブカルファンだったりと、日本の慣習やルールに理解のある「日本びいき」がほとんどだった。多少のおかしな場面や失礼も大目に見てくれていた。

　しかし、時は流れ2018年、年間訪日客数が3000万人が間近になった。日本に訪れる人の中には、「日本の文化を知りたい」というより「流行っているから」という理由で訪日旅行団体ツアーを手軽に予約し、「日本人の大半は英語が話せない」とことを知らないで来日する人もいる。おかしな外国語表記に寛大でない人も交じっている。

　もちろん、外国人の多くは「英語が不得意なお店なんだな」と問題視しないだろう。だが、おかしな表記、人種差別的な意味をはらむ表記を見つけては写真や動画を撮影し、

「英語の表記はありません」、「英語では対応できません」の意味での「NO ENGLISH」のつもりでも……、
差別用語と感じられるかもしれません。

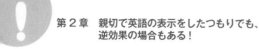

第2章 親切で英語の表示をしたつもりでも、
　　　逆効果の場合もある！

悪意を持って拡散する外国人旅行者が今後現れるかもしれない。

　応対を一つ間違うだけで、海外で「人種差別の店」、もしくは「人種差別の町」として炎上する可能性もある。インバウンド対応をする予定がない店も、今は無理でも将来的に取り込みたい店も、こんな表記をしていないか確認していただきたい。

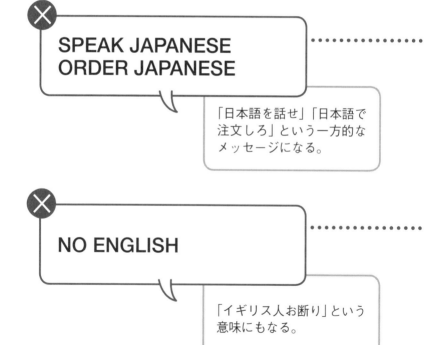

❌ **SPEAK JAPANESE / ORDER JAPANESE**
「日本語を話せ」「日本語で注文しろ」という一方的なメッセージになる。

❌ **NO ENGLISH**
「イギリス人お断り」という意味にもなる。

こう書こう! Sorry, We only speak Japanese.

「私たちは日本語しか話せません」

こう書こう! We cannot speak foreign languages.

「わたしたちは外国語が話せません」

第2章 親切で英語の表示をしたつもりでも、逆効果の場合もある！

JAPANESE ONLY

「日本人限定」「日本人専用」という意味にもなる。「外国人お断り」というメッセージを発している。

ENGLISH OK, CHINESE NO

「イギリス人はOKだけど中国人はダメ」という意味にもなる。人種差別的な表現。

JAPANESE PLEASE / PLEASE JAPANESE

たまに見かける表記ですが、意味をなしていません。意味が伝わっていません。

こう書こう！ No English Speakers Available at this restaurant / café.

「このレストラン / カフェには英語が話せる人がいません」

こう書こう！ We can speak English, but we can not speak Chinese.

「英語は話せます。しかし、中国語は話せません」

こう書こう！ Sorry! We are not good at English.
Please let us speak in Japanese.

「申し訳ありません、わたしたちは英語が得意ではありません。
日本語で話させてください」

第2章 親切で英語の表示をしたつもりでも、
逆効果の場合もある!

外国人を受け入れたいことを
アピールしたいとき

Sorry! We cannot speak English, but we welcome travelers!

「すみません!私たちは英語が話せません。ですが、旅行者大歓迎です」

Sorry! We are not good at speaking English, but we welcome travelers!

「英語が上手に話せず、すみません。ですが、旅行者歓迎です」

For travelers:
Please come in!
We apologize in advance
for not being good at
speaking English.
Sorry in advance
for taking time
communicating with you.

旅行者の方へ：
どうぞお入りください！
ですが、私たちは英語を話す
のが上手ではありません。
コミュニケーションにお時間
をいただくことになり、申し
わけありません。

第2章 親切で英語の表示をしたつもりでも、
逆効果の場合もある!

日本語が話せない人を断りたいとき

Sorry! In order to avoid trouble, we do not accept those who can't communicate in Japanese.

「申し訳ありませんが、トラブルを避けるため、日本語が話せない方の入店をお断りしています」

Members only

「会員のみ利用できます」
＊実際に会員制ではなくとも、外国人客を不快にさせることなく、入店を避けられます。

Reservations only

「完全予約制の店です」
＊実際に完全予約制の店でなくとも、外国人客を不快にさせることなく、入店を避けられます。

We apologize but we provide service for Japanese speakers only.

「日本語を話せる方のみサービスを提供します、申しわけありません」
＊会話を楽しむ形式のお店で

We would highly appreciate it if you could order in Japanese, as we do not speak English.

「当店のスタッフは英語を話せませんが、こちらで日本語の注文をぜひ体験していただければ幸いです。」
＊ソフトな言い回しになるので、お客さんが不快になりにくい。

第 2 章　親切で英語の表示をしたつもりでも、逆効果の場合もある！

第3章

外国人観光客に対する接客で、優先したいのは、英会話よりも柔軟性とウエルカム姿勢

★外国人対応をやらせてはいけない店員は、いる。
★外国人対応マニュアルは、危険度が高い場合もある。
★ネットの評判も意識した接客を大切に。

第3章 外国人観光客に対する接客で、優先したいのは、英会話よりも柔軟性とウエルカム姿勢

外国人への接客係に向かない人とは？

　英語が話せれば、外国人観光客にきちんと接客サービスができるかというと、それは違う。接客の仕事には向き不向きがある。さらに、外国人観光客を相手にした場合、語学力よりもっと大切なことがある。それは、国際感覚、特に人種・民族差別に対する意識だ。

　「私には差別意識はない」と、日本人は思っていても、無意識の態度、ちょっとした言い方や表現が、海外から来たお客様を傷つける。「人種・民族で差別されている」と感じさせてしまう。

　まず、以下の外国人対応適性検査と、差別用語認知度テストをスタッフの皆さんに試してみてください。

★外国人対応適性検査

　あなたの経験・考え方にあてはまるものにチェックをいれてください

<table>
<tr><td></td><td></td><td>はい</td><td>いいえ</td></tr>
<tr><td>1</td><td>「中国人、韓国人は日本人より劣っている。白人は日本人より優れている」</td><td></td><td></td></tr>
<tr><td>2</td><td>「日本はアジアの中でトップの先進国・経済大国だ」</td><td></td><td></td></tr>
<tr><td>3</td><td>「東南アジアの国には貧しい人が多く、遅れている」</td><td></td><td></td></tr>
<tr><td>4</td><td>「イスラム教はテロ組織宗教だ」</td><td></td><td></td></tr>
<tr><td>5</td><td>「過去20年間で、一人でハワイ・グアム・サイパン以外の海外旅行や短期留学に行ったことがある」</td><td></td><td></td></tr>
<tr><td>6</td><td>「過去10年間で、友達や家族とハワイ・グアム・サイパン以外の海外旅行に行ったことがある」</td><td></td><td></td></tr>
<tr><td>7</td><td>「中国語、イタリア語など、外国語レッスンに通ったことがある（webレッスンも含めて）」</td><td></td><td></td></tr>
<tr><td>8</td><td>「ワーキングホリデーやピースボートに興味を持ったことがある」</td><td></td><td></td></tr>
<tr><td>9</td><td>横須賀、沖縄など米軍基地がある都市に3年以上住んだことがある</td><td></td><td></td></tr>
<tr><td>10</td><td>「ボディランゲージ、身振り手振りでものを伝えるのが得意だ」</td><td></td><td></td></tr>
<tr><td>11</td><td>「その場にあった柔軟な対応ができる」</td><td></td><td></td></tr>
<tr><td>12</td><td>「波風の立ちそうな状況からは身を引こうとする」</td><td></td><td></td></tr>
<tr><td>13</td><td>「言葉が通じなくても、笑顔で対応できる自信がある」</td><td></td><td></td></tr>
</table>

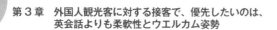

第3章 外国人観光客に対する接客で、優先したいのは、
英会話よりも柔軟性とウエルカム姿勢

■外国人対応の素養がある人物

(5)〜(11)、(13)に「はい」と答えた人。
多ければ多いほど、外国人対応に向いている。

■外国人対応に向かない人物

(1)(4)のいずれかに「はい」がある人は外国人対応にはあまり向いていません。要注意です。

(2)(3)に「はい」と答えた人は、要勉強。(12)に「はい」と答えた人は、要意識。

解　説

(1)(4)を選んだ人

■人種・宗教差別者ではないか

まず、経営者は、中国人・韓国人への差別意識を持つ人は、世代・性別を問わず存在するということを認識してほしい。あなたのお店のスタッフにも、いる可能性がある。こういった意識は、これまでの経験や家族からの考え方が根強いため、教育で簡単に変えられるものではない。また、スタッフの考えも尊重しなければならない。

スタッフが人種差別者である場合、無意識のうちに、被差別対象への接客サービスをぞんざいにする可能性があるため、注意が必要だ。

(1)(4)のいずれかに該当したスタッフは、外国人の来客が多い店に配置しないようにしたい。

（2）（3）を選んだ人

■現状の世界情勢を認識しているか

　経済面で、日本はすでにアジア・ナンバーワンではない。2016年現在、アジアでの最も経済力のある国は名実ともに中国だ。2016年調査でGDP（国内総生産）では日本の2倍以上となり、世界2位を誇っている。一人当たりGDP（＝国民一人一人が稼ぐ力）では、日本は世界27位で、アジア4位。日本人の平均よりも所得が高い中国人、台湾人、シンガポール人、ベトナム人、マレーシア人、インドネシア人が増えているという事実を認識し、訪日客が今後の各国での富裕層になる人々という認識を持って接客してほしい。

各国のビッグマックの値段

ビッグマック指数（BMI）という、各国の経済力を測るための数字がある。各国のマクドナルドで販売されているビッグマック1個の価格を比較したものだ。すると、日本のビッグマックは中国よりは高いが、シンガポール、韓国、タイより安いことがわかる。

1章で述べたように、デフレが進み、外食の値段が下がった日本。外国人観光客からは「値段の割に、サービスや衛生状態がいいよね」と好評だ。

ビッグマックの値段ランキング（訪日客が多い国16か国）、単位は米ドル

1位	アメリカ	5.28ドル	10位	タイ	3.72ドル
2位	カナダ	5.26ドル	11位	日本	3.43ドル
3位	イタリア、フランス	5.14ドル	12位	中国	3.17ドル
5位	スペイン	4.84ドル	13位	ベトナム	2.86ドル
6位	ドイツ	4.77ドル	14位	インドネシア	2.68ドル
7位	イギリス	4.41ドル	15位	台湾	2.33ドル
8位	シンガポール	4.39ドル	16位	マレーシア	2.28ドル
9位	韓国	4.12ドル			

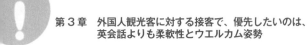

第3章 外国人観光客に対する接客で、優先したいのは、英会話よりも柔軟性とウエルカム姿勢

(5)(6)(7)(8)(9)を選んだ人

■海外・外国人に興味があるか

 外国人対応に必要なのは、外国人が何に困っているのかを察知し、寄り添う姿勢だ。それは、日本語や日本の常識が通じない国に出かけ、コミュニケーションなどで困る経験を通じて培うことができる。とくに、タイやベトナム、サウジアラビアなど、アルファベットや漢字以外の文字で生活している国・地域に旅行した経験のあるスタッフは頼りになるだろう。

 海外や外国人に興味を持っているスタッフは、自然と接客の中で外国人と歓迎する姿勢になるだろう。米軍基地のある街に住んだことのあるスタッフも、そうでない人よりは外国人慣れしている。

「店内の国際交流は君に任せた」と奮い立たせて戦力にしてほしい。

（10）（11）（12）（13）を選んだ人

■接客姿勢は柔軟に

　外国人客の大半はアジア人、とくに中華圏が多い。たとえ英語が話せるスタッフがいたとしても、外国人客が英語を話せるとは限らない。スタッフは、言葉が通じないという想定の接客を模索しなければならない。

　なかなか伝わらず、外国人客から嫌な表情を浮かべられたり、怒鳴るそぶりをされたりすることもあるだろう。誤解から、波風が立ちそうなこともある。トラブル対処を苦手とし、克服のための努力ができそうにないスタッフは外国人対応から外したほうがよさそうだ。

　ボディランゲージ、絵を描く、食材の写真を見せる、漢字で書いてみるなど、柔軟な姿勢を持って、その場と外国人客に合った対応ができるスタッフは、言葉でいうほど簡単に見つけられない。これらの能力があるスタッフをよく褒め、しっかりと評価していただきたい。

第3章 外国人観光客に対する接客で、優先したいのは、
英会話よりも柔軟性とウエルカム姿勢

★差別用語認知度テスト

次の中で、人種差別用語と思うものを抜き出してください。

チョン

ヤンキー

ロスケ

チャンコロ

ニグロ

ジャップ

ニガー

チョッパリ

アメ公

サンボ

【答え】

　すべて差別用語です。冗談でも、外国人客前で絶対に使わない。

　チョン………戦前から朝鮮半島出身者を差別した呼称。使い捨てカメラは「バカチョンカメラ」は「バカな朝鮮人でも使えるカメラ」という差別的な意味を持つ。
　ヤンキー……アメリカの白人を侮蔑的に呼ぶ言葉。
　ロスケ………日露戦争前後、ロシア人を侮蔑して呼んだ言葉。
　チャンコロ…中国人を侮蔑的に呼ぶ言葉。
　ニグロ………黒人を侮蔑的に呼ぶ言葉。
　ジャップ……日本人を侮蔑的に呼ぶ言葉。
　ニガー………黒人を侮蔑的に呼ぶ言葉。
　チョッパリ…朝鮮語での日本人を差別する言葉。
　アメ公………アメリカ人を差別的に呼ぶ言葉。
　サンボ………黒人を侮蔑的に呼ぶ言葉。

第3章 外国人観光客に対する接客で、優先したいのは、
英会話よりも柔軟性とウエルカム姿勢

外国語能力よりも、ウェルカムの姿勢を

　飲食店の外国人対応というと、「外国語対応ができなくてはいけない」と思いがちだ。店員を英会話教室に通わせたり、社内で接客英会話勉強会を開いたり、外国語スタッフをそろえようという動きもある。観光庁が発表した外国人旅行者への質問「日本滞在中に困ったこと」で、「コミュニケーション」（35％）が2番目に多かった。

　もちろん、店員が多言語を操れるのはベストだ。だが、多言語表記や指さし会話ツールなどを駆使すれば、「話せ」なくとも、コミュニケーションは可能だ。スタッフに必要なのは、言葉の壁があったとしても、それを乗り越えて伝えようとする粘り強さと、外国人を歓迎する姿勢である。全スタッフとも、「英語は必須ではない」ということを伝え、外国人対応に委縮しないよう励ましてほしい。

ウエルカムの姿勢 ＞ 語学力

外国語での対応が充分にできなくても、態度でもてなしを表現すると、訪日の間に何度も店に足を運んでくれる例は多いそうです。

第3章　外国人観光客に対する接客で、優先したいのは、
　　　英会話よりも柔軟性とウエルカム姿勢

外国人対応に不向きなスタッフに要注意！「ネット大炎上」も…

　ウェルカムの姿勢の対極にあるのが、スタッフの「民族差別的」行動。実は、これが外国人対応で一番注意したい点だ。

　2016年10月に、大阪の寿司店で、従業員が外国人客に対し通常より大量のわさびを入れた寿司を提供した「寿司わさびテロ」がインターネット各所で話題になった。民放のニュース番組でも取り上げられ、店としては不名誉なことになった。

　一部の接客スタッフの悪行という見方が強い。とはいえ、普段仕事する上では、スタッフが民族差別的な考えを持つかどうかはわかりにくい。一見スタッフ誰からも好かれる好青年も、夜な夜なSNSや匿名掲示板で人種差別的な書き込みをしている、という可能性もある。スタッフ同士との会話や雑談の中から、差別的な発言があるかなど気を配ってほしい。

　繰り返すが、スタッフの価値観は、家庭環境や各個人の経験に基づくものであるため、変えることはむつかしい。また、本人もいけないことと気づいていないことも多い。まずはトラブルを防ぐために、「仕事中は差別的な考えを捨てること」と口頭で注意して「やってはいけないこと」と気づかせる必要がある。多店舗展開企業であれば、外国人観光客が少ない店舗への異動させるのも一つの手だ。

　また、差別的な意味を持つ言葉と知らないで差別用語を

使っているケースもある。2016 年 10 月、阪急バスを利用した韓国人観光客のバスチケットに、韓国人の差別呼称である「チョン」を記載したとして話題になった。接客したスタッフは「チョン」に差別的な意味合いがあることを知らなったという。特に若い世代に要注意だ。この章の最初に紹介した差別用語認知度テストで挙げた単語は、冗談でも会話にまじえないようにしてほしい。

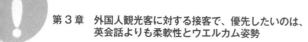
第3章 外国人観光客に対する接客で、優先したいのは、
英会話よりも柔軟性とウエルカム姿勢

マニュアルありきはNG。応用力を意識して

　半年前、現在、半年後には、旅行者のニーズや出身国も異なり、店側の対応も日々変化が求められる。例えば「ベジタリアンには紙で書いてコミュニケーションをする」、お通しについては「説明をメニュー表に明記しておく」、「外国人にはお通しのある・なしの選択してもらう」などの基本動作ガイドラインは作るべきだが、マニュアルありきの体制にしてしまうと、実用化の段階ではうまく作用しない恐れがある。

　弊社がおすすめしたい飲食店の外国人対応策は、外国人対応の素養のあるスタッフを見つけ、現場に一任することだ。語学力の有無にかかわらず、外国人対応に向かない人人がいるということを、リーダーは意識してほしい。

第4章

外国人向けの
「売れるメニューブック」は
こう作れ！

第4章　外国人向けの
　　　売れるメニューブックはこう作れ！

メニューブックそのままの英訳は、効果薄で、しかもコスパも悪い

　外国人対応と集客にあたり、外国語で表記したメニュー表を用意することは必要不可欠だ。「外国人お断り」と入店拒否されたことのある外国人観光客は、「英語のメニューブックがあると、歓迎されている気がする。『入ってもいいよ』と言われていると感じる」と話す。

　店頭に English Menu Available（英語メニューあります）と書くだけでも、外国人観光客を呼び込むことができる。

　「英語なんて中学・高校以来やってない」と、自力での翻訳をあきらめないでほしい。あるいは、「いまある日本語のメニュー表をまったくそのまま英語にしたものを用意すればいい」と、翻訳会社に丸投げするのも、おすすめしない。実際、翻訳会社に日本語のメニュー表を添付して相談して、数十万円にものぼる見積もり額に、外国人対応そのものをあきらめる、というのはもったいない。

　翻訳会社の料金体制は、400文字いくらという文字数ベースというところが多い。日本の飲食店は専門店でもメニュー数が豊富で、一品一品の名称が長い場合が目立つ。メニュー数が豊富なのは、日本人の集客には強みになるが、そのメニュー表の翻訳料金については高額になってしまう。

　逆に、外国人観光客にとっては、あまりにメニュー数が

豊富だと「なじみのない大量の料理名が並ぶ中で一つだけ選ぶのが大変だ」と困惑させてしまうこともある。

　なので、日本語のメニュー表を全訳することは、翻訳料金は高くなり、しかも、翻訳費用を多くかけても、それに比例して外国人観光客の満足度は高まらない。

　では、どんなメニューブックがよいか。次ページより6つのポイントと3つの例を紹介する。

第4章 外国人向けの
売れるメニューブックはこう作れ！

売れるメニューブックづくりの
6つのポイント（優先度順）

Point 1 写真で料理のビジュアルを伝える
（イラスト、食品サンプルも可）

　日本食がユネスコの世界無形文化遺産として認められたものの、外国人が名前を聞いただけでどんな食べ物かをイメージできる日本食はさほど多くない。「ラーメン」「寿司」あたりは通じるかもしれないが、「もつ鍋」「親子丼」「素麺」「やきそば」「すき焼き」「おでん」などはお手上げという方も多い。また地域のご当地メニューは、日本人でもわからない。

川﨑大師銘菓の久寿餅（くずもち）。原材料は小麦粉由来のデンプン、きなこ、黒蜜のみ。ベジタリアンやイスラム教徒でも食べられるおかしだ。

64

どんな外見の食べ物が出てくるのか、イメージしやすいイラストがあると安心感を与えることができる。大きさのイメージがしやすいよう、店頭に下の写真のように原寸大の食品サンプルがあるとさらに良い。

Point 2 人数用セットメニュー化で選びやすく

メニュー品目が多い場合、日本の外食習慣に慣れない外国人にとって、何をどれだけ頼むのが適量かわかりづらい。日本人であれば、例えば居酒屋でサラダやお通しの量の見当がつき、その予測に基づいて人数分注文することができるが、外国人にはその予備知識がまるでないのだ。

ここですすめたいのは、1人分向けのセットメニュー（定食）化だ（下の写真に例）。

お店の業態に合わせて、ドリンク何杯、メインのメニュー、

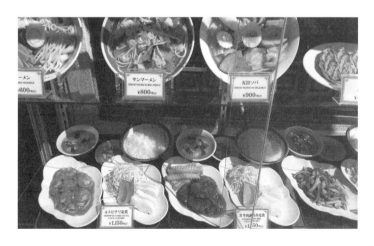

第4章　外国人向けの
　　　　売れるメニューブックはこう作れ！

副菜、主食、デザートなどのセットメニューをつくる。一つ一つのメニューは選べる形でも良いが、「当店おすすめ」と銘打ってアピールするのも、お客としては選びやすい。

Point ❸ 原材料の説明、もしくはピクトグラム（絵文字）の表示

　外国人に限らず、宗教上・健康上の理由で特定の食材を避けている人もいるため、外食での食材の原材料の表記が求められている。

　イスラム教徒は豚由来成分・アルコールが含まれているものを禁忌とし、ベジタリアンは肉・魚、人によっては卵も避けている。食物アレルギーを持つ子どもの数は日本でも増加傾向。今後、飲食事業者としては気を付けたいところだ。

　日本の食習慣に慣れた日本人であれば、どのメニューにどんな食材が使われているか予想ができる。また、日本語に不自由しない人であれば、「このメニューに豚肉を使ってますか？」など聞くことができる。

　しかし、外国人は、どのメニューにどの食材が使われているのか予備知識があまりなく、その上、言葉の壁もある。写真でメニューのビジュアルイメージができても、天ぷら（とくにかき揚げ）や揚げ物のように、どんな食材が使われているのかがわかりづらいメニューも多い。

④ 日本人スタッフもわかるようメニュー番号を

複数メニューを用意する場合、またはメニューの一部を選択式にする場合、メニューの共通番号を設定しておくとよい。

外国人観光客は、日本語のメニュー名を発音するのが困難だ。ならばメニューを英語表記にすると、今度は日本人スタッフが混乱する。日本人、外国人両者とも、固有名詞・料理名をなるべく使わないですむコミュニケーション方法を模索してほしい。

⑤ 消費税、お通し代、席料など別途請求は NG。値段はコミコミで

店によって異なる「お通し」「席料」などのシステム。これは多くの外国人から困惑の声が出ているポイントだ。メニュー表にある値段以上を請求されると不快感・不信感を生んでしまう。

価格表示は税込みで、明朗会計を心がけてほしい。「No tipping（チップも不要）」という一文があると、チップの習慣がある国の旅行者をより安心させることができそうだ。

⑥ おすすめポイントの付け足し

67

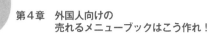

**第4章 外国人向けの
売れるメニューブックはこう作れ！**

　一つ一つのメニューの個性やおすすめポイントを記載すると、外国人にとって選びやすい。

　この章の最後に、使える英語表現を用意した。参考にしてほしい。

〈最後に〉ネイティブチェックのすすめ（86ページ参照）

　外国人向けのメニューブックを作ったら、最低1人、その国のネイティブに「表現がおかしくないか」のチェックを依頼したい。海外の日本食料理屋やホテルで、おかしな表現のメニュー但し書きを見たことがなかっただろうか？　中国語圏のおもしろ系ウェブサイトでも「日本でみつけた変な中国語」をまとめた記事が話題になった。

海外の日本食レストラン。「ようこそ！来てください！」はちょっと違和感？

第4章 外国人向けの
売れるメニューブックはこう作れ！

「外国人向けのおすすめメニュー」の作り方

気まぐれ食堂ごっつ　ランチメニュー

全品税込み 800 円！！

A 海鮮丼セット (左)
- 海鮮丼
- とろろ
- 小皿2種
- 味噌汁

B 牛すじの煮込み定食 (右)
- 牛筋の煮込み
- 小皿2種
- 味噌汁
- ごはん

C 日替わり定食 (写真なし)
- 日替わりメイン
- 小皿2種
- 味噌汁
- ごはん

★全メニュー、ごはんの量を「ふつう」か「大盛」を選べます。追加料金なし。

- その店一押しのメニュー3つだけ厳選

- オーダーしやすいよう、メニュー番号を記載

- 1枚ペラ

- 「なぜおすすめか」という理由をしっかりと書く

- 写真もしくはイラストをつけて、どんなビジュアルかを図示する

- 食材の原材料を記載する
  アレルギー対応、ベジタリアン対応が可能であるならばその旨を記載

第4章 外国人向けの売れるメニューブックはこう作れ！

```
写真は提供するものを撮影してください。
```

```
メニュー全体の写真を掲載
```

```
税抜き・税込みを明示する必要あり
```

Gottsu Lunch Menu

気まぐれ厨房ごっつ　ランチ　英語版

ALL 800 Yen (including tax)

A Sashimi rice bowl (left)　**BEST SELLING !**

- Sashimi rice bowl　海鮮丼
- Tororo (grated yam. Mix with sashimi rice bowl)　とろろ
- 2 appetizers (small bowl)　小皿2種
- Miso soup　味噌汁

B Stewed beef tendon (right)

- Stewed beef tendon　(main dish, the center of photo)
- 2 appetizers (small bowl)　小皿2種
- Miso soup　味噌汁
- Rice　ごはん

★not spicy!

C Dish of the Day (no photo)

- Main dish of the day (ask staff)　メインディッシュ(スタッフに聞いてください)
- 2 appetizers (small bowl)　小皿2種
- Miso soup　味噌汁
- Rice　ごはん

★All menu: You can choose the portion of rice from Regular and Extra-Large, without extra-charge.
全メニュー、ごはんの量を「ふつう」か「大盛」を選べます。追加料金なし。

海鮮丼を辞書で引くと「rice bowl topped with seafood」(シーフードが載った丼もの)という訳がでます。もちろん、これでも問題ありませんが、単語の羅列でも十分通じます)

Google翻訳で「とろろ」を検索すると「Tororo」と出ますが、これではわかる人とわからない人がいます。和英辞書では「grated yam」とありました。

「海鮮丼に混ぜて食べてください」という、食べ方の説明を付け足しています。

Gottsu Lunch Menu

気まぐれ厨房ごっつ　ランチ　英語版

ALL 800 Yen (including tax)

A Sashimi rice bowl (left) **BEST SELLING !**

-Sashimi rice bowl　海鮮丼
-Tororo (grated yam, Mix with sashimi rice bowl)　とろろ
-2 appetizers (small bowl)　小皿2種
-Miso soup　味噌汁

B Stewed beef tendon (right)

-Stewed beef tendon　(main dish, the center of photo)
-2 appetizers (small bowl)　小皿2種
-Miso soup　味噌汁
-Rice　ごはん
★not spicy!

C Dish of the Day (no photo)

-Main dish of the day (ask staff)　メインディッシュ(スタッフに聞いてください)
-2 appetizers (small bowl)　小皿2種
-Miso soup　味噌汁
-Rice　ごはん

★All menu: You can choose the portion of rice from Regular and Extra-Large, without extra-charge.
全メニュー、ごはんの量を「ふつう」か「大盛」を選べます。追加料金なし。

第4章　外国人向けの
　　　　売れるメニューブックはこう作れ！

「牛すじ」を和英辞書で引くと「beef sinew; fibrous beef; beef tendon」と複数あり、どれを使えばいいかわかりませんね。そういうときは、「牛すじの煮込み」と料理の具体名で引いてきましょう。「Stewed beef tendon」と出てきました。
google画像検索で「Stewed beef tendon」と検索すると、似た料理の画像が出てきます。

メインの料理であることを説明

写真では赤く見えるので、「辛くない」と明記

Gottsu Lunch Menu

気まぐれ厨房ごっつ　ランチ　英語版

ALL Yen (including tax)

A Sashimi rice bowl (left)　BEST SELLING !

-Sashimi rice bowl　海鮮丼
-Tororo (grated yam. Mix with sashimi rice bowl)　とろろ
-2 appetizers (small bowl)　小皿2種
-Miso soup　味噌汁

B Stewed beef tendon (right)

-Stewed beef tendon (main dish, the center of photo)
-2 appetizers (small bowl)　小皿2種
-Miso soup　味噌汁
-Rice　ごはん
★not spicy!

C Dish of the Day (no photo)

-Main dish of the day (ask staff)　メインディッシュ(スタッフに聞いてください)
-2 appetizers (small bowl)　小皿2種
-Miso soup　味噌汁
-Rice　ごはん

★All menu: You can choose the portion of rice from Regular and Extra-Large, without extra-charge.
全メニュー、ごはんの量を「ふつう」か「大盛」を選べます。追加料金なし。

写真で全体像がわかるように!

税込み・税抜きを書こう。

英語がわからないスタッフも対応できるよう、日本語を併記。日本人向けにも併用できます。

こういった1メニュー1枚のメニュー表をメインメニュー分作るのも、お客様からすると注文がラクです。

Lunch meal A (for 1 person)
1340yen (excluding tax)

ランチセット A（1名様）
1340円（税抜き）

-Tofu-mixed humburg steak topped with fried lotus root
豆腐ハンバーグとレンコンチップス
-Rice ごはん
-Salad (lettuce, okra, raddish, pumpkin)　サラダ
-Tsukemono(Japanese pickles)　漬物
-today's small dishes ×3　本日の小皿

★We can change ingredients if there is anything you can not eat.
食べられない食材がある場合、変更することができます

★We can arrange to be pork-free & alcohol free, vegan menu.
豚除去・アルコール除去メニューやヴィーガンメニューにアレンジすることも可能です

第4章 外国人向けの
売れるメニューブックはこう作れ！

訪日外国人向けに、客単価アップを狙ったメニュー表例

客単価 1000 〜 1600 円のメニュー表

メニューの下の欄には、そばの歴史、文化について紹介する英文を掲載。

SOBA ASAHIYA MENU

* Please order 1 dish per 1 person.
* You can take picture in our restaurant
* Cash only *No tipping *Tax included

Food Menu

(1) Hot soba with duck meat—left photo 　鴨そば
*Comes with hot soup for dipping
　　　　　　　　　　　温スープにつけて食べて下さい
▶1000yen per person(including tax)

(2) Cold soba with vegetables—right photo
　夏野菜とじゅんさい冷かけ
*Vegetarian friendly menu, but stock is from dried bonito
　ベジタリアンでも食べやすいメニューですが、かつおだし使用
▶900yen per person(including tax)

Various alcohol available. One glass is 600 yen.

History of soba in Japan, development of eateries

The tradition of eating soba originates from the Tokugawa period, also called the Edo period, from 1603 to 1868. In the Tokugawa era, every neighborhood had one or two soba establishments, many also serving sake, which functioned much like modern cafes where locals would stop for a casual meal. At that time, the population of Edo (Tokyo), being considerably wealthier than the rural poor, were more susceptible to beriberi due to their high consumption of white rice, which is low in thiamine. It was discovered that beriberi could be prevented by regularly eating thiamine-rich soba.(from Wikipedia)

客単価３０００円を狙ったメニュー表

左ページのメニュー表に、利き酒できるセットを追加したのが上の例。セット化して提案すると、わかりやすく客単価アップにつなげやすい。

WELCOME JAPAN SOBA-SAKE SPECIAL COMBO!

1 soba dish + 3 sake tasting
3,000 per person

At first, please choose 1 soba dish
まず、そばメニューを一つお選びください

(1) Hot soba with duck meat—top photo　鴨そば
*dipping into hot soup　温スープにつけて食べて下さい

(2) Cold soba with vegetable—bottom photo
夏野菜とじゅんさい冷かけ

*Vegetarian friendly menu, but stock is from dried bonito
ベジタリアンでも食べやすいメニューですが、かつおだし使用

Second, please choose 3 sake from the showcase.
次に、酒を３つ、ショーケースから選んでください

ENJOY IT!!

History of soba in Japan, development of eateries

The tradition of eating soba originates from the Tokugawa period, also called the Edo period, from 1603 to 1868. In the Tokugawa era, every neighborhood had one or two soba establishments, many also serving sake, which functioned much like modern cafes where locals would stop for a casual meal. At that time, the population of Edo (Tokyo), being considerably wealthier than the rural poor, were more susceptible to beriberi due to their high consumption of white rice, which is low in thiamine. It was discovered that beriberi could be prevented by regularly eating thiamine-rich soba.(from Wikipedia)

第4章 外国人向けの
売れるメニューブックはこう作れ！

無料でできる翻訳ツールを紹介

ウェブ経由で使える翻訳ツール・メニューブック作成ツールを
リストアップした。パソコンを開かなくても、スマホやタブレッ
ト対応も多い。敬遠せず、ぜひ挑戦してみてほしい。

初心者向け PC 操作が苦手という方向け

・オンライン英和辞書:Weblio（初心者向け）
オンラインの英語学習講座が提供する無料の辞書サービス。辞
書として名詞の英訳に活用できる。「親子丼（a bowl of rice with
(soy‐and‐sugar‐seasoned) chicken, egg, and vegetables)」
など、英語にはない日本の料理の翻訳や、例文もあり。
スマートフォンからのアクセスも可能。手書きでちょっとした
説明を見る際に。

・Google 翻訳（スマホでも利用可能）
言わずとしれた、最大手検索サービス・Google が提供する無料
の翻訳サービス。
機械翻訳なので万能ではない。誤訳もある。
1 文程度であれば正しく翻訳されるが、2 文以上となると因果関
係がおかしくなる。

おかしな翻訳にならないためには、

・翻訳元の日本語で 1 文 50 文字以下の簡素な文章を入力すること

・固有名詞は避けること

・抽象的なメニュー名は訳さず、メニュー内容を説明する

以上を心がけるとよい。

例：○「卵がのったうどん」→ Udon noodles with eggs on top

・eatlocal japan

http://eatlocaljapan.com/menudb/

メニュー英語表記例のデータベース。「キュウリとわかめの酢の
もの」「カリカリチーズ」など居酒屋にありそうなメニュー名約
2500 項目と、ドリンク類約 600 項目を掲載している。

一部メニューには補足（英語での説明文）もあり。

掲載していない文言は一定の条件を満たせば 20 項目まで無料で
翻訳してくれる。

第4章　外国人向けの
　　　　売れるメニューブックはこう作れ！

中級者向け　パソコン操作が得意な方向け

・多言語メニュー作成支援ウェブサイト（一部各自治体）
一部の県・都・市は、自治体下の飲食事業者に多言語メニュー作成ツールを提供している。使用料は無料で、自治体下の市内局番を持つ固定電話番号の登録が必須。操作にはパソコンを使う。

　サイト上で一つ一つのメニュー情報を登録し、それをもとにセットメニューやコースメニューのアレンジが可能。原料表記ピクトグラム（絵文字）もこのツールで記載できる。

　登録メニュー名は、「ハンバーグ」「クラムチャウダー」のような固有名詞の一品メニューだけでなく、「イベリコ豚とシカ肉のハンバーグ」「ホタテのクラムチャウダー」のように、食材を冠した料理名も登録できる。

　一度メニューを一括で登録すれば、4〜15言語（言語数は自治体によって異なる、2018年3月現在）の翻訳ができ、1ページあたりのメニュー数や写真を使ったレイアウトの変更も可能だ。使い慣れるまでが大変だが、利便性が高いツール。

　一部自治体では食事をその場で提供しない、持ち帰り専門店でも利用できる。

　自治体によって機能が若干異なる。商工会議所・創業支援センターなどが操作方法説明会を開催しているケースもあるので、一度調べてみることをおすすめしたい。

私個人の体験だが、操作に慣れるまで若干時間がかかる。2
～3時間まとまった時間を確保して登録作業に挑むことをおす
すめする。メニューに掲載する写真も事前に集めておき、フォル
ダにまとめ、作業しやすい環境を整えておこう。

2018 年 4 月現在、以下の自治体がサービスを提供している。

東京都　EAT東京　多言語メニュー作成支援ウェブサイト
http://www.menu-tokyo.jp/menu/
＊登録は都内の飲食店に限る。

千葉市　千葉おもてなしSHOPガイド
https://omotenashi-chiba.net/create/
＊市内の事業者向けで、飲食だけでなく、小売り・サービス店
用の多言語表示を支援するサイト。検索サイトで「千葉おもて
なし SHOP ガイド」と検索すると上位に出てくる。

藤沢市　FUJISAWA Foodies 多言語メニュー作成支援
ウェブサイト
http://www.fujisawa-foodies.jp/create/
＊藤沢市内飲食店向け。検索サイトで「多言語メニュー　藤沢」
などで検索すると上位に出てくる。
多言語おみやげ用ポップ広告作成支援ウェブサイトも併設して
いる。QR コードで土産物食品の成分等も多言語で確認できる。

第4章　外国人向けの
　　　　売れるメニューブックはこう作れ！

福島県中部エリア　　Fukunaka15

https://fukunaka15.jp/create/

＊福島県中部エリア15市町村（郡山市、須賀川市、田村市、本宮市、大玉村、鏡石町、天栄村、石川町、玉川村、平田村、浅川町、古殿町、三春町、小野町、猪苗代町）の店舗が利用可能。検索サイトで「ふくなか15」で検索すると1番目に出てくる。

大阪府　　TASTE OSAKA

https://taste-osaka.com/create/

＊大阪府内の飲食店が対象。「TASTE OSAKA」と検索すると上位に出てくる。

長崎市　　EAT 長崎

http://eat-nagasaki.info/create/

＊長崎市内の事業者向け。検索サイトで「eat 長崎」と検索すると上位に出てくる。

岐阜県　　EAT岐阜

http://www.eat-gifu.jp/create/

＊岐阜県内の事業者向け。検索サイトで「eat 岐阜」と検索すると1番目に出てくる。

高知県　　ダイニング高知ジャパン

http://www.dining-kochijapan.com/create/

＊高知県内の事業者向け。検索サイトで「ダイニング高知ジャパン」と検索すると1番目に出てくる。

活用したい 「英語のセールス表現」

「当店ナンバーワン」 Most popular

「季節商品」 seasonal menu

「手作り商品」 house made

「オリジナル商品」 Our original

「地元名産品」 Local specialty

「地元産食材使用」 With Local ingredients

「シェフの得意料理」 Signature Dish

「当店おすすめ」 Our specialty

「ベストセラー」 Best selling

「本場の」 Authentic

「伝統的な」 Classic

第4章　外国人向けの
　　　売れるメニューブックはこう作れ！

「朝採れた野菜」　**Harvested in the morning**

「とても新鮮」　　**Super fresh**

「朝市直送」　　　**Direct from the morning market**

「産地直送」　　　**Farm-fresh**

「中国からの旅行者に人気」

Chinese Tourist Favorite

外国人を引きつける 「食感を表す英語表現」

「クリーミー」　　　　**Creamy**

「さくさく、かりかり」　　**Crispy**

「ざくざく、ぱりぱり」　　**Crunchy**

「ふわふわ」　　　　　**Fluffy**

「長時間煮込んだ、とろ煮えの、熟成の」
　　　　　　　　　Simmered

「中身が詰まった」　　　**Filling**

「やわらかい（肉）」　　　**Tender**

第4章 外国人向けの
売れるメニューブックはこう作れ！

英語のネイティブチェックの依頼方法

　もし知人友人・お店の常連に英語圏の人がいれば、英語の表現に間違いがないかを確認してもらおう。英語では、この作業のことをプルーフ・リーディング（proofreading、校正）とも言う。知人にいないのであれば、オンラインのクラウドソーシングサイトを使えば、チェック依頼が可能だ。

・coconala（スマホ対応）

https://coconala.com/

「知識・スキル・経験」など、個人の得意を気軽に売り買いできるスキルのオンライン・フリーマーケット。友達に聞かれたり、お願いされるような「得意」を簡単出品。

中国語、英語、タイ語など、様々な言語のネイティブスピーカーが、「ネイティブチェック」を500円〜1000円で出品している。

・クラウドワークス、ランサーズ

翻訳・ウェブ制作・デザイン関係のフリーランサーに単発で仕事の依頼ができる仕事仲介サイトで、英語がネイティブのフリーランサーと直接契約が可能。ギャラの支払いもサイト上で源泉徴収込みで可能。

依頼方法は2パターン。登録されているフリーランサーに直接

連絡をとって仕事を依頼するパターンと、自分から予算と仕事案件を登録し「仕事を受けたい」というフリーランスからの連絡を待つパターンがある。翻訳やネイティブチェックの案件は受注希望者が多いため、案件を登録すれば24時間以内に発注候補者を決定できるだろう。

クラウドワークス
https://crowdworks.jp/
ランサーズ
https://www.lancers.jp/

・大学の留学生会館や地域の国際交流センター
外国人が集まる身近な機関に相談して、顔を突き合わせてアドバイスをもらう方法。お店の近くに、留学生が多い教育機関（大学、専門学校）や国際交流センターはないだろうか？
機関によって対応は異なるが、トライする価値あり。

第4章 外国人向けの
　　　売れるメニューブックはこう作れ！

第5章

スタッフに外国語を話させるより、「指さし会話」のすすめ。

＋

アプリ活用で対応も！

第5章　スタッフに外国語を話させるより、
　　　　「指さし会話」のすすめ。＋アプリ活用で対応も！

「スタッフが外国語を話せない」を前提にした仕組みづくりをしよう

　外国人を相手に実際に接客するにあたり、「言葉の壁」はやはり大きい。「英語が通じる店」と外国人客に認知されれば、「英語でフレンドリーなコミュニケーションができる店」として集客は容易だ。

　そのためには、スタッフ全員がなんらかの外国語を話せるのが理想だが、多くの飲食店にとっては非現実的だ。「英語なんて中学・高校以来やってない」というスタッフが多いのが実情ではないだろうか。

　外国人観光客対応のためと、従業員を英会話教室に行かせてみたり、英会話講師を招いたりする店もあるが、費用対効果はどうだろうか。ただでさえ多い従業員の負担を増やすことになる上、語学は一朝一夕でできるものでもない。とくに日本人はまじめなため、「きちんとした発音ができなければ」と委縮しがちだ。**「費用対効果」ならぬ、スタッフの「苦労対効果」はあまり良いとはいえない。**

　そこで、経営者には発想の転換を求めたい。「スタッフに外国語を話させる」ではなく、「外国語ができない人同士でコミュニケーションをする」ことを前提に接客フローを考えるのだ。

誰でもすぐに使える
「指さし会話ツール」のすすめ

　そこで、おすすめしたいツールが「指さし会話帳」だ。日本語と外国語での「何名様ですか？」「ご注文を繰り返します」「お飲み物は何になさいますか？」など接客でよく使う文言と、イラスト、数字をお互いに見せ合って意思疎通を図るツールだ。

　もともとは海外旅行をする日本人向けに「語学が苦手な人でもぶっつけ本番で会話が楽しめるように」情報センター出版局が開発した、旅行会話ガイドの一種。イスラエルのヘブライ語版、スロバキア語版など81か国語にわたる。筆者も高校2年生の時にマレーシアに留学したばかりのころ、「指さし会話帳マレーシア語編」を携えてコミュニケーションをしていた。

　東京都や大田区などの各自治体や、商店街単位・専業組合などがそれぞれ多言語のオリジナルの指さし会話シートを無料で提供しているケースがある。一度、自分が所属する自治体や組合を確認してほしい。(参考写真をP94に掲載)

91

第5章 スタッフに外国語を話させるより、
「指さし会話」のすすめ。＋ アプリ活用で対応も！

自店専用の指さしシートをつくろう！

　使い始める前に、無料でダウンロードした会話シートをよく見て、「この会話シートの文言だけで会話が完結するか」を考えてみてほしい。「席はほりごたつか・テーブル席か」「お持ち帰り」や「お会計はテーブルで」「おかわり自由です、おかわりの際はインターホンを鳴らしてください」といった店独自のシステムなど、お客様に説明する必要があるが既存の会話シートにはない部分はないだろうか。その場合、カスタマイズしたものを作ると、よりスムーズに接客できる。

　写真やイラストの羅列と手描きでも、外国人客には十分通じる。

　まず、ふだんよくあるやりとりを洗い出し、外国人観光客との間でも使いそうなフレーズをまとめる。シートを参考に、別途、写真やイラスト、文言を用意し、あらかじめプリントアウトしてファイリングしておくだけで、コミュニケーションが楽になるはずだ。

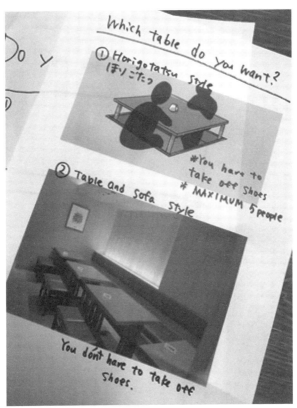

「席は、ほりごたつか・テーブル席か」の例。「ほりごたつ席だと、靴を脱ぐ必要あり」「人数制限5人まで」の説明も加えた。英語が話せないスタッフでもスムーズに案内が可能。

第5章 スタッフに外国語を話させるより、 「指さし会話」のすすめ。＋ アプリ活用で対応も！

神奈川県そば組合作成
そば注文に特化した指さしコミュニケーションシート

タブレットがあるなら
無料翻訳アプリを活用したい

　Air レジなどを利用し、お店専用タブレットを用意しているお店は、無料翻訳アプリをチェックしてほしい。インバウンド客の増加とともに、日々、便利な通訳・翻訳アプリが、安価もしくは無料で追加されている。

　2017 年現在、特におすすめなのは「Google 翻訳」。会話翻訳機能を使えば、音声入力でリアルタイム翻訳が可能。お客様に文字を入力してもらいその都度翻訳してもらう機能や、文字を書いてもらい自動で翻訳される機能がある。
　アプリの機能は随時アップデートされ、そのたびに利用方法も変わることがある。普段からタブレット操作に慣れておく必要があるが、英会話教室に通うことよりも相当心理的負担は少ないだろう。特にスマホ慣れしている若い世代は、アプリ操作の吸収が早い。「お店のシステムにあった翻訳・通訳アプリを探しておいてくれ」「見つけたアプリが採用された人にはボーナス支給」と競争させれば、より使い勝手の良いアプリを見つけてくれるだろう。

第5章 スタッフに外国語を話させるより、「指さし会話」のすすめ。＋アプリ活用で対応も！

ラーメン店の券売機用の指差しシート例

How to Order

Buy ticket/ Pay first/ cash only

Welcome to our restaurant!!

Our restaurant has only a few staff members, so our order system is by ticket vending machine.

〈チケットを購入ください・現金・前払い制度です〉

いらっしゃいませ！

わたしたちは限られた人員でオペレーションをしているため、券売機制度を導入しています。

②

First, you need to put in some money.

This slot is for bills. This hole is for coins.

はじめに、現金を投入してください。

お札はこちら、コインはこちらです。

③

Second, push the button for the item you want to order. A ticket will be printed out.

Toppings are additional options for your meal. The more you add, the more you can enjoy.

At last, press this button to receive your change.

つぎに、ご希望のメニューのボタンを押してください。チケットが出てきます。

トッピングは、希望のメニューに追加するものです。追加すると、よりおいしく楽しめます。

注文が終わったら、このボタンを押してお釣りを受け取ってください。

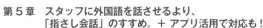

第5章 スタッフに外国語を話させるより、
「指さし会話」のすすめ。＋ アプリ活用で対応も！

②

Sit at a seat you want, and give the ticket to staff at the couter.
This is our order system!

お好きな席につき、チケットをカウンターにいるスタッフに渡してください。
これがわたしたちの注文方法です。

③

Enjoy your meal!

召し上がれ！

焼肉店・焼き鳥店用の指差し・メニュー説明図の例

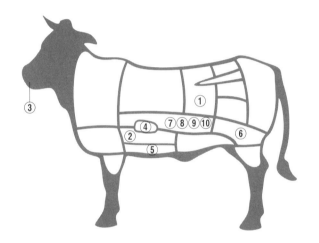

牛肉のメニュー

①牛ロース
Loin

②牛カルビ
Short rib

③牛タン
Tongue

④牛ハラミ
Outside skirt

⑤牛サガリ
Beef hanging tender

⑥牛ホルモン
Offal

⑦牛レバー
Liver

⑧牛ミノ
Beef rumen

⑨牛センマイ
Beef omasum

⑩牛ハツ
Beef heart

第5章 スタッフに外国語を話させるより、
「指さし会話」のすすめ。＋ アプリ活用で対応も！

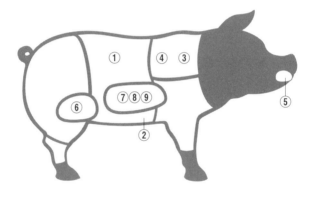

豚肉のメニュー

①豚ロース
Pork loin
②豚バラ
Pork ribs
③豚トロ
Pork neck
④豚ハラミ
Pork outside skirt
⑤豚タン
Pork tongue
⑥豚ホルモン
Pork offal
⑦豚レバー
Pork liver
⑧豚ガツ
Pork rumen
⑨豚ハツ
Pork heart

鶏肉のメニュー

① 鶏モモ
　Chicken thigh
② 鶏ササミ
　Chicken tenders
③ せせり
　Chicken neck

第5章 スタッフに外国語を話させるより、
「指さし会話」のすすめ。＋アプリ活用で対応も！

調味料　SEASONING

自家製タレ
Our original seasoning

わさび
Wasabi

ゆずこしょう
zesty paste made from yuzu peel and chili peppers

塩
Salt

みそ
Miso

レモン汁
Lemon Juice

焼肉店用の食べ方説明シート例

**The grill is very hot.
Please do not touch.**

網が熱いので触れないでください。

You can control the strength of the fire.

ここで火力調整が可能です。

**You can not cook with burnt grill.
Feel free to ask the staff for a new one.**

網が焦げたら、上手に調理できません。
店員に網替えをお気軽にお申し付けください。

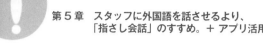

第5章 スタッフに外国語を話させるより、
「指さし会話」のすすめ。＋アプリ活用で対応も！

Please use tongs when cooking.

焼くときはトングを使ってください。

Please cook fully all raw food.

すべての生の食材は十分過熱してください。

We recommend dipping the meat in the available seasoning.

肉はシーズニングをつけるとおいしく召し上がれます。

食に制限がある人向けの
コミュニケーションノート例

Please let me know if there are any ingredients you cannot eat

食べられない食材がある場合、教えてください

理由：　　　　食物アレルギー

Reason： Food Allergy

ベジタリアン

Vegetarian

イスラム教徒

Muslim

健康上の問題

Health problems

そのほか

※食に制限のある人の対応方法については9章で紹介。

**第5章　スタッフに外国語を話させるより、
　　　　「指さし会話」のすすめ。＋ アプリ活用で対応も！**

第6章

外国人はここに戸惑う！
日本「独自」の
飲食店のルールと説明方法

第6章 外国人はここに戸惑う！
日本「独自」の飲食店のルールと説明方法

日本の飲食店では常識でも、外国人観光客には通用しないこと

実は、日本の飲食店には「暗黙の了解」が多い。

①オーダーは最低1人1品

②お通しは有料

③居酒屋では先に飲み物を注文する

④飲食店スタッフにチップは不要

⑤食べ残しの持ち帰り不可

⑥飲食物の持ち込み不可

⑦テーブルが同じなら、会計のときになって個別会計をしない

⑧料理が出てきても、なかなか食べ始めなかったり、非常に長く滞店することはしない

こういったことは、日本人にとっては「常識」であり、当たり前のことのように思われている。逆に、「1人1品注文しない」とか、「飲食物の持ち込みをする」から、外国人観光客を受け入れたくないという飲食店の声もある。

第6章では、外国人観光客が知らない日本の飲食店のルールと、それを説明する文言例を紹介する。お品書き、入り口前、店内外の掲示物に活用してほしい。

①オーダーは最低1人1品

　ラーメン店、定食屋などで、3人で2メニュー、5人で3メニューしか注文しないという外国人のグループ観光客が、稀にいる。中華圏や東南アジア、中東からの旅行者に多い。これは、単純に食費を節約したいからということもあるが、旅行の疲れで食欲が落ちていたり、または宗教上・健康上の理由で飲食を控えたい人がいたりするためであり、悪意はあまりない。

1人につき1メニュー(ドリンク含む)注文してください。

【英語】

Please order 1 item (including beverage & alcohol) per 1 person.

②先に飲み物を注文する

　とくにイスラム圏では、ムスリムはアルコールが禁忌とされているので、「まずアルコールで乾杯」という発想が皆無だ。食事メニューだけ注文し、飲み物メニューは一切注文しないグループがあることも知っておいてほしい。このケースも上の①と同様、悪意はない。

第6章 外国人はここに戸惑う！
日本「独自」の飲食店のルールと説明方法

先にお飲み物をご注文ください。その後、お食事の
ご注文をお受けします。

【英語】

Please order alcohol or beverages first, and after that please order food.

「お湯」のリクエストは、無料？有料？

中国の方から、持参の水筒を差し出され、「これにお湯を入れてくれ」と言われた、という経験がある飲食店の人は多いようです。なぜ、でしょう？中華圏では中医学の「冷たいものを体に入れるのは健康によくない」「あたたかい飲み物を飲むと健康になる。長生きできる」という考えが浸透しています。そのため水筒を持ち歩き、魔法瓶も中国人の爆買い対象商品になりました。現地ではお湯がどこでも手に入りやすく、飲食店でもお湯を自由に汲めるようになっています。日本でも同じ要領でお湯を求めただけで、悪気はゼロ。お冷やや、冷たい飲み物を「氷抜きにして」というリクエストもあります。
「お湯ください」リクエストは頻繁にあるので、店内でYesかNoか、それとも有料か、方針を決めておくといいでしょう。

③チップは不要

　欧米では、ウェイターやウェイトレスは賃金が低い。レストランから払われる時給にして300円程度の賃金では生活していけないため、お客様がチップを支払い、その分サー

ビスを良くしてもらう、という商習慣がある。それをうまく利用し、素晴らしい接客サービスを提供してチップ代だけで毎月40万円以上稼ぐ「名物ウェイター」もいるほどだ。また、チップをウェイターに直接渡すのではなく、お釣りをチップとしてテーブルの上に残しておくという渡し方もある。

　日本の飲食店で提供される接客サービスは、おおむね良い。中にはその接客サービスに感動し、「チップを支払わせてくれ」という外国人もいるだろう。チップを払わせてくれと言われたら、また、お釣りを受け取ろうとしない外国人のお客様がいたら、お店としてどのように対応をするかも、あらかじめ取り決めておくといいだろう。

チップは不要です

【英語】

No tipping in our restaurant.
もしくは

Tips not accepted.

④お通し・突き出しを席料としていただいています

　居酒屋のお通し・突き出しは、外国人にとって「頼んでもいないのに勝手に出てきて、しかもお金もとられた」というもの。こういった声やトラブルは、外国人側からも飲食店側からもよく聞く話だ。以下のような文言をメニュー

111

第6章 外国人はここに戸惑う！
日本「独自」の飲食店のルールと説明方法

や机の上に入れておくと、トラブルを防ぐことができる。

この料理はサービス料（席料）の一部です。

【英語】

This dish is part of the service charge (seating charge).

サービス料として300円いただき、
前菜を提供しております。

【英語】

We charge 300 yen for seating and provide a small appetizer.

⑤持ち帰り不可

　主にアメリカの外食産業では、お客の食べ残しを持って帰る「ドギーバッグ」という制度がある。東南アジア諸国でも、たいていの飲食店では食べ残しを持ち帰りはOKだ。

　「持ち帰り不可」と言われた外国人観光客の中には、「こっちがお金を払っているのに、持ち帰れないとはなにごとだ！」と怒る方もいる。可能であれば、食品ロス削減の観点からも、「〇時間以内に食べる」など条件付きで可能なものは緩和していただきたい。

112

食べ残しを持ち帰ることは禁じられています。

【英語】

Taking leftovers home is strictly prohibited.

食べられる分だけ注文してください。

【英語】

Please order only as much as you can eat.

持ち帰りを許可する場合（テイクアウト品にも使える表現）

食べ残したものは、必ず1時間以内にお召し上がりください。

【英語】

Please eat your leftovers within 1 hour of ordering.

第6章 外国人はここに戸惑う！
日本「独自」の飲食店のルールと説明方法

本日中にお召し上がりください。

【英語】

Please eat by today.

⑥持ち込み不可

　飲食店なのに、ほかの店の食べ物やペットボトルの飲み物を持ち込んで堂々と飲食する…これも、外国人観光客が悪気なくやってしまうことの一つだ。

店外の飲食物の持ち込みは禁止しております。

【英語】

No outside food or drinks allowed.

⑦個別会計は承っていません

　「グループで入店した外国人であるが、実は他人同士の集まりだった。他人同士だから、帰るときになって個別に会計をしてほしい」…日本人にはあまり考えられないが、ゲストハウスのロビーなどで意気投合し、さっき会ったばかりだが一緒に集団になって食事に出かける、という光景は珍しいものではない。注文した食事はすべてシェア用ではなく、伝票は1つなのに、最後に各個人がそれぞれ飲み食いした分だけ支払いたいと言われると、会計でたいへん混乱が生じてしまう。

114

個別会計ができない場合、外国人用メニューにあらかじめ明記しておこう。

個別会計は承っていません。

【英語】

We do not accommodate separate check requests.

⑨滞在時間が長い。（早く帰ってほしい）：席数が少ないお店向け

　外国人旅行者の中には、「せっかく入ったお店だから、ゆっくりして歩き回った疲れを癒したい」という方は少なくない。「おもてなしの国」で、お店のスタッフとのハートウォーミングな交流を期待している人もいる。しかし！実質ワンオペ、もしくは2〜3人と限られた人数で回しているお店にとっては、厄介なお客様でもある。

　「並んでいるお客様がたくさんいるのに、なかなか退店しないお客様がいてイラっとした」という声も聞いたことがある。行列ができる飲食店というものに慣れていない外国の人は、「並んでいる人のために、早めにお店を出よう」という発想も出いくい。しかし、お店のスタッフとしては「早く出てくれ」とは言いづらいだろう。

　以下のような文言を店頭やテーブルに掲げておくと、お

115

第6章 外国人はここに戸惑う！
日本「独自」の飲食店のルールと説明方法

客様の気分を害さないだろう。

ピークタイムの 11 時 30 分〜 13 時は、45 分以内
に退店ください。

【英語】

We ask guests to please leave
within 45 min during our busiest-
hours, from 11:30 ― 13:00.

お店に行列ができている場合、お早めの退店ください。

【英語】

When there are long queues
outside, please do not to stay here
long.

ごめんなさい！今はピークタイムで、シェフは料理に集中しなければなりません。
お声かけ、ご遠慮ください。

【英語】

Sorry,please do not speak to our chefs.
Our chefs have to concentrate on cooking during our busiest hours.

次にお待ちのお客様のために、お食事が済まれましたら、席をお譲りください。
お連れ様はお外でお待ちください。

【英語】

Please leave your seat when you finish so that the next customers may sit down.
Please have your accompanying guests wait outside of the restaurant.

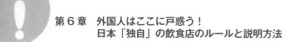

ごめんなさい。私たちのお店は忙しく、リラックスできないかもしれません。
おもてなしが足りていないかもしれません。

【英語】

Sorry!
Our restaurant may be too busy for you to relax in.
Our staff is always busy, so our hospitality standards may not meet your expectations.

入店の方法、煙可か不可か、会計方法、店内案内…のフレーズ

　日本人には言わなくても雰囲気でわかることを外国人観光に説明する際、便利なフレーズをまとめました。書き写して店頭に表記したり、第5章で紹介した、「指さしシート」に併記したり、お役立てください。

入店場面

お席にご案内しますので少々お待ちください。

【英語】

Please wait to be seated.

全席禁煙です。
喫煙場所はありません。

【英語】

Our restaurant is smoke-free.
We don't have a smoking area.

第6章 外国人はここに戸惑う！
日本「独自」の飲食店のルールと説明方法

喫煙可です。

【英語】

Our restaurant allows smoking.

現在、満席です。

【英語】

No seats currently available.

こちらのウェイティングリストに名前と人数を書いて
お待ちください。のちほどお呼びします。

【英語】

Please write down your name and
the number of people in your party
on this waiting list.

こちらに座ってお待ちください。

【英語】

Please sit here and wait to be
seated.

> 会計場面

　ヨーロッパは現金を持ち歩かないカード社会で、中国は
スマホの電子決済先進国。お客様が食べてしまってから「現
金がないから、払えない！」となったときのために、最寄
りの海外発行キャッシュカード対応 ATM を調べておくべ
し。セブン銀行、ゆうちょ銀行の ATM が便利です。

前払い制です。

【英語】

Please pay in advance.

食券を購入し、店員に渡してください。

【英語】

Please purchase a ticket from the vending machine and hand it to the staff.

会計はテーブルごとで承っております。

【英語】

Please pay your bill at the table.

121

第6章 外国人はここに戸惑う!
日本「独自」の飲食店のルールと説明方法

お支払いはお会計コーナーでお願いします。

【英語】

Please pay at the cashier.

ランチタイムは現金決済のみお受けします。

【英語】

We accept only cash during lunch time.

以下のクレジットカードはご利用が可能です。

【英語】

We accept the following credit card brands.

メニュー表での説明表示

すべて税込み価格です。

【英語】

All prices include tax

すべて税抜き価格です。

【英語】

All prices exclude tax

トイレ内での説明

　日本の最新トイレはボタンがあり、ハイテク。日本人でもお年寄りから「どのボタンを押せば流れるのかわからない」という声も聞かれます。

使用後、「流す」ボタンを押してください。

【英語】

Please press "Flush" button after using.

トイレットペーパー以外のモノを流さないでください。

【英語】

Please do not flush anything other than toilet paper.

第6章 外国人はここに戸惑う！
日本「独自」の飲食店のルールと説明方法

生理用品はこちらに捨ててください。

【英語】
Please dispose of your sanitary napkins here.

訪日外国人の声——
「スタッフが少なすぎる」

海外の方から「日本の飲食店はホールスタッフが少なすぎる」、「スタッフを呼ぼうと目くばせしようとしても、だれも来てくれなくてどうすればいいのかわからなかった」という意見をよく聞きます。

居酒屋などで各テーブルに配置されるコールボタンを見ても、「初めて見た」という声がほとんど。外国人にはなんのためのボタンかすぐに察知されにくいと思ってよいだろう。わかりにくいデザインでないかを確認し、必要に応じて「This is call staff button」などの説明をしよう。

アメリカの飲食店のウェイターは、飲食店からの給与は低く、主な収入源はお客様からのチップ。飲食店経営者側は人件費をかけなくてもウェイターの数をそろえることができます。インドネシアでは人件費が安いため、ホールスタッフが過剰ぎみですが、「子守り役」として活躍するスタッフもいます。子供連れの家族客が連れてきた子供の相手に大活躍するのです。「あの店は子守ができるいいウェイターがいるから、ゆっくり食事ができた」と、店の評判につながることもあります。

第7章

訪日外国人向けに有効で、

費用をかけないでできる

WEBを活用した集客法のコツ

第7章　訪日外国人向けに有効で、
　　　　費用をかけないでできるWEBを活用した集客法のコツ

　外国人向けのウェブ集客と聞くと、何が連想されるだろう。「多言語ホームページの作成」、「海外オンラインメディアへの広告」、「動画サイトの投稿」、「多言語SNSの運用」など、こういった声が上がりそうだ。これらの中には、自社でやればタダでできるものもあるが、プロの運用代行会社に任せると30万円から数千万円と上限がない。

　この章では、ホームページ多言語化の前に活用すべき3大口コミ・SNSツール

・TripAdvisor

・Googleマイビジネス

・Instagram

を紹介する。いずれも無料でできるサービスだ。

126

HP多言語化はあとまわしでも OK!
まず、タダで使える
SNS・口コミサイトを駆使しよう!

　ホームページ多言語化の費用対効果は、実にあいまい
だ。「外国人集客には英語サイトが必須」とまず言われるが、
既存のウェブサイトを英訳したとして、その英語版ウェブ
サイトに外国人観光客からアクセスが来るだろうか。

　もともと外国人の来店が多く、ミシュランガイド掲載店
など、外国人にすでに知られているお店ならば、多言語サ
イトを作る意義がある。

　しかし、外国人の来店が、月に5組未満、いずれも通
りすがりで来たというような店では、外国語のウェブサイ
トを作ったからといっても、集客効果はあまりないだろう。
そのウェブサイトに外国人がアクセスする動機がないから
だ。ウェブサイトのアクセスを集めるために相当予算をか
けてリスティング広告や動画広告など展開しているのでな
い限り、ウェブサイトのアクセス、そして、それに続く店
舗への集客には直結しない。

　ホームページ多言語化に関する助成金や補助金は多い。
飲食店側も、多言語ウェブサイトを作ると「やった気」に
なる。ホームページを多言語化する際は、「費用対効果はあ
るか?」「なぜ作るか?」をしっかり考えて決めてほしい。

第 7 章　訪日外国人向けに有効で、
　　　　費用をかけないでできるWEBを活用した集客法のコツ

4.55 億人が使う旅行口コミサイト「トリップアドバイザー」

　2017 年現在、外国人集客で最も効果を発揮するのは、世界中の旅行者が利用する旅行に特化した口コミサイト「TripAdvisor（トリップアドバイザー）」だ。世界 49 か国で利用され、月間利用者数は 4.55 億人。スマホアプリのダウンロード数は 4 億を超える（2018 年現在）。

　「不正ができない食べログ世界版」といえばわかりやすいのではないか。ユーザの星評価をもとにランキングが数週間ごとに決まる。順位がどのようなアルゴリズムで決まるのかは明らかになっていないが、「口コミの数・評価点」、「最新の口コミが投稿された時期」が大きく影響しているようだ。

　このサービスが外国人に人気の理由は、圧倒的な口コミ数・ユーザ数に加え、
（1）口コミが言語別に表示される
（2）アプリで現在地から近く評価が高い飲食店が表示されることとユーザにとって利便性が高い
という点が挙げられる。

　飲食店側にとっては、
（1）飲食店の登録料（ページ作成料）は完全に無料
（2）口コミに対して返信ができる
という点から、PR に生かすことができる。

トリップアドバイザーの ユーザのメリット

(1) 口コミが言語別に表示される

　人気店であれば人気店であるほど、さまざまな国の言語で口コミが寄せられる。一つひとつ見ていくのは大変だが、このように、言語を選択すると、その言語の口コミが抽出される。ユーザからすると、自分の母国語で、評価や口コミを見ることができる。

　読者である日本人の皆さんでも、日本人の言う「甘くて

第7章　訪日外国人向けに有効で、
　　　　費用をかけないでできるWEBを活用した集客法のコツ

おいしい」と、アメリカ人の「甘くておいしい」では、どちらのほうが自分の感覚の「甘くておいしい」に近いだろうか。「アメリカ人の『甘い』はめちゃくちゃ甘いのでは…」と感じてしまう人は、少数派ではないだろう。より味覚・感覚が自分と近い人の口コミの方が信頼できる。

（2）スマホアプリでは、距離と評価からおすすめ店をピックアップ

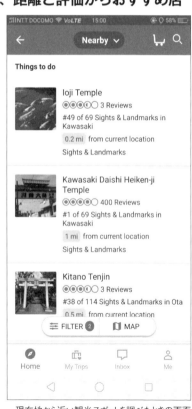

「距離順に表示されている」と誤解されがちだが、距離と評価の総合的なバランスで表示されている。絞り込み機能で距離を優先させたり、評価点が高いところのみを表示させることもできる。

旅行中、フリーペーパーやネットで「行きたいと思える店」を探す気力もない、とはいってもその辺に入ったお店で「外国人お断り」をされると心が疲弊するし、おいしくなかったら嫌だ…「今いる場所からそんなに遠くなくて、評価も悪

現在地から近い観光スポットを調べたときの画面

くない店だけ調べたい」、そんなニーズにマッチする機能だ。

　東京の渋谷や新宿などターミナル駅のエキチカは競合が多いため、苦戦するかもしれない。エリアランキングで検索すると、外国人観光客の行列ができるお店ばかり並ぶ。そういう店は、すでに海外メディアに取り上げていたり、外国人の日本旅行ブログに紹介されたりして、外国人の認知度が高い店ばかりだ。しかし、ターミナル駅から少し離れたところや、外国人が泊まるホテルの近くでは、この機能を使って店を探しているお客を取り込むことができる。

第 7 章　訪日外国人向けに有効で、
　　　　費用をかけないでできるWEBを活用した集客法のコツ

トリップアドバイザーに掲載する飲食店側のメリット

（1）利用は完全無料

　掲載だけは完全に無料。すでに、TripAdvisor 上に自店舗のページが掲載されているケースも多々ある。なぜなら、お店に来たことがあるユーザが善意でお店のページの開設リクエストをしているためだ。

　まずは、自分の店のページがトリップアドバイザーの中にないか探してみよう。ここで初めて、外国人観光客の口コミに気づくケースもある。

　私のクライアントでも、外国人の来店がまれという個人経営の飲食店で、私に見せられてトリップアドバイザーの中の自店のページを確認し、「あ、この口コミは、あのときのお客様が書いたものだ！」と感動した人もいた。オンライン上で予期せぬ「再会」があるかもしれない。

　飲食店・ホテル向けに、有料のプレミアムプランもあるが、個人経営飲食店にとっては少なくない出費。まずは無料で使ってみることをおすすめする。プレミアムプランは、ページのアクセス数のチェックや「お店のお気に入り口コミ」のピックアップ表示、写真表示の調整が可能だが、IT 専門のスタッフがいるお店・企業でないと、使いこなすのが難しいかもしれない。

（2）低評価口コミに返信できる

　言われのない低い口コミ評価に対しても、根拠のある低評価に対しても、店側は「コメントに返信」機能で対応できる。返信機能の利用料は無料だ。

（3）不正に対して厳しい措置がある

　こういった口コミサイトに対して、「不正が行われる」と敬遠する人も少なからずいるだろう。2018年現在、トリップアドバイザーは「お客様にトリップアドバイザーの口コミを書かいてもらう代わりにサービスをする」手法を用いた飲食店に対しては、見つけ次第ペナルティという方針をとっており、口コミそのものにも掲載前に審査を行っている。

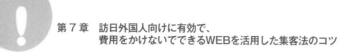
第7章 訪日外国人向けに有効で、
　　　費用をかけないでできるWEBを活用した集客法のコツ

＜登録方法＞
・**自分のお店がすでに掲載されている場合**

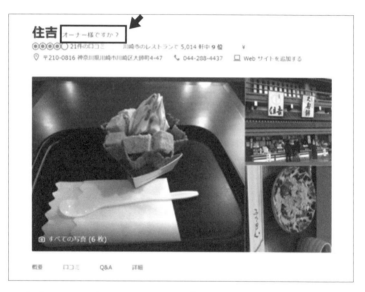

　自分のページにアクセスし、「オーナー様ですか？」をクリック（➡上図・四角枠内）。
　以下、フォームに沿って所定の手続きをする。

・**自分の店が見つからなかった場合**

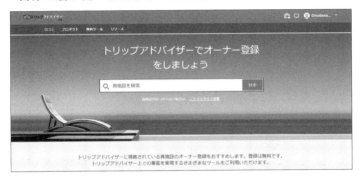

　登録ページ（https://www.tripadvisor.jp/Owners）にアクセス。

　自店舗を検索。見つからなかった場合、「こちらで今すぐ掲載」をクリック。所定の手続きに進む。

第 7 章　訪日外国人向けに有効で、
　　　　費用をかけないでできるWEBを活用した集客法のコツ

> **外国語の口コミでも、
> ウェブ上なら「読める」、「返信もできる」**

　トリップアドバイザーの中での外国語の口コミに対しては画面上で「Google 翻訳 」ボタンを押すと、自動翻訳をしてくれる。読みづらいが書き手の意図がだいたい伝わる日本語が表示されるので、書き手が気に入った点・気に入らなかった点をつかむことができそうだ。

　口コミに対する返信も、Google 翻訳で外国語訳するのもよい。しかし、自動翻訳なため不自然な文章になりがちだ。「お店が出す文章としてはかっこわるい」と感じたならば、4 章でも紹介した「coconala」やクラウドワークス、ランサーズで翻訳者を見つけ、依頼するのもよいだろう。

「写真をとりましょうか？」など、お店のほうから声をかける場面をつくると、外国人観光客への印象が強まります。

第7章 訪日外国人向けに有効で、
　　　費用をかけないでできるWEBを活用した集客法のコツ

お客様に口コミを書いてもらうには、アイデアよりも「コミュニケーション」

　P132のトリップアドバイザーに掲載される店側のメリットの（3）でも紹介したように、店内商品のサービスや割引と引き換えに口コミを書いてもらう、という手法は禁止されている。また、お客様が書いた口コミが実際に掲載されるまで2日〜1週間と時間がかかるため、「この場で書いてくれたらサービス」というのも不可能だ。では、どのようにすればより多く口コミを書いてもらえるか。

　残念ながら、「これをやれば絶対に口コミが入る」という正解がない。今や、日本国内の自治体が、新興国のインフルエンサー（SNSで影響力のある人。インスタグラマーやブロガー、ユーチューバー）を招待するファムトリップ（航空費・交通費・宿泊費・アクティビティ費を負担して招待し、地域内の観光地を回ってもらい、そのかわりにウェブで発信してもらうというもの）を行っているが、招待旅行にも関わらず、反応なしというケースも聞くくらいだ。「ドリンクサービスするから口コミを書いて」という報酬制は、トリップアドバイザーの利用規約で禁止されている。

　だが、一つの傾向として、お客様としっかりコミュニケーションをする、コミュニケーションをとる姿勢を持つことが口コミ投稿につながると言える。

「英語ができない」「外国語が話せない」と敬遠するのではなく、身振り手振り・翻訳アプリ・通訳アプリなどを使って、交流をはかってほしい。

　外国人観光客は、日本の文化、観光施設、ショッピング、さまざまなものに興味を持っているが、その中に「日本人」も含まれる。彼らは、日本人と交流したいのだ。旅行先で現地の人と接し、現地の生活・価値観に触れたいのだ。

　奈良市で外国人に人気の店「ニーノ」では、「言葉は通じないがおもてなしをしてくれた」「子供を気遣ってくれた」といったコメントが並ぶ。

　新宿駅エリアのそば店「粗挽き蕎麦トキ」でも、「店の人は英語が堪能ではなかったが、おすすめの日本酒を教えてくれた。英語が話せないながらも、伝えようとする姿勢がうれしくて2回も行った」といったコメントがある。食べ物、雰囲気、そして「人」がお店の魅力であるとわかる一例だ。

第7章 訪日外国人向けに有効で、
　　　費用をかけないでできるWEBを活用した集客法のコツ

よくある手法

お店のWi-Fi情報（パスワード情報など）と一緒に、「レビューしてね!(Please write a review on TripAdvisor!)」などと書く。

メニューにお店のトリップアドバイザーページのQRコードを載せる。

会計時のレシートに「トリップアドバイザーページでレビューしてね (Please write a review on TripAdvisor)」と印字を入れる、手書きで書く。

食後、お皿を下げる際に「どうだった？(How was it?)」「私たちのお店に、トリップアドバイザーのページがあるの、知ってる？(Do you know about our TripAdvisor page?)」「もし時間があれば、トリップアドバイザーに投稿をしてね(Please write a review on our TripAdvisor page if you have time)」と声をかけてみる。

こんなコメントをメニューなどに 書いてみよう！

Please check out our TripAdvisor page!

わたしたちのトリップアドバイザーページも見てみてね。

You can find our TripAdvisor page by searching "（店名）,（都市名）"

トリップアドバイザーで（店名）（都市名）で検索すると、 私たちのお店が出てくるよ。

**第 7 章　訪日外国人向けに有効で、
　　　　　費用をかけないでできるWEBを活用した集客法のコツ**

日本人にも効果が絶大！
Google マイビジネス

　「おなかすいたねー。OK google、近くのお寿司」と若い男女がスマホに呼びかけ、検索結果が表示され、「800メートル圏内のお寿司を検索しました」という音声が流れる…というテレビCMでもおなじみのGoogle。目的地の経路検索や現在地を確認するために、Google Mapを使ったことがあるという人も多いはずだ。

　ひとむかし前まで、Googleで「地名　食べ物」と検索すると、検索結果上位に食べログなどのサイトやグルメメディアのまとめ記事がトップに出てきた。しかし、2018年現在、キーワードにもよるが、Googleに登録されたビジネス情報が、Google Mapに紐づく形で出てくる。このビジネス情報をコントロールするのが、Google マイビジネス機能だ。

143

第 7 章 訪日外国人向けに有効で、費用をかけないでできるWEBを活用した集客法のコツ

「Kawasaki Ramen」の英語検索結果例

すでに読者の中でも、Google Map を日常的に使っている人も多いだろう。人気の理由は、

（1）普段から使っているGoogle Mapに紐づいており、現在地からの具体的なアクセス方法がわかる

（2）口コミ・質問に加え、混雑状況・平均滞在時間までわかる

などが挙げられる。

TripAdvisor 同様、登録・利用は無料。悪い口コミに対しても、返信ができる。

Google マイビジネスは、利用者からの評価がもらいやすい。Google はユーザの GPS 位置情報などを収集し、「その店に滞在したな」と判断する。アプリを開かせなくても「○○はいかがでしたか？」とスマホ上でポップアップ式に評価や口コミを求めてくる。Google マイビジネスの口コミ情報を見ていると、5 段階評価の評価はあるものの、コメントを入れていない投稿も多い。

第 7 章　訪日外国人向けに有効で、
　　　　費用をかけないでできるWEBを活用した集客法のコツ

＜Google　マイビジネスの登録・管理方法＞
前準備：Google（Gmail）のアカウントを取得する
①すでに自分のお店の情報が掲載されている場合（PC版）

①-1　**自分の店舗名で検索。「このビジネスのオーナーですか？」をクリック**

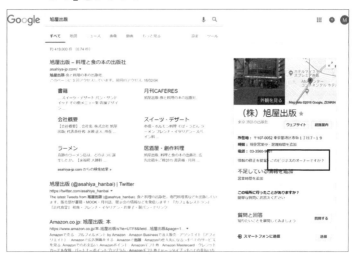

①-2 Googleマイビジネスのページに遷移するので「このビジネスを管理する権限を持っており、利用規約に同意する」にチェックを入れて「続行」をクリック

①-3 管理権限を確定させる「確認コード」を入力。確認コードは電話で、または郵送で受け取る。電話の場合、google上に登録されている番号に電話がかかってくる。すぐにその電話を受けられる場所で操作する必要がある。

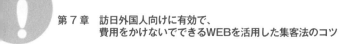

第 7 章 訪日外国人向けに有効で、
　　　　費用をかけないでできるWEBを活用した集客法のコツ

②自分の店が登録されているかわからない場合（PC版）

②-1　Googleマイビジネスのスタートページ
　　　（https://www.google.co.jp/intl/ja/business/）に
　　　アクセス。

　　　＊「Google マイビジネス」と検索すると一番上に出てきます

　　　右上の「ご利用開始」もしくは中央左下の「使ってみ
　　　る」をクリック

②-2　自分のサービス名・店舗名を入力する。すでに登録さ
　　　れている場合、候補となる店舗情報が表示される。

②-3 **必要事項を記入すし、「次へ」に進む。**

②-4 **すべて必要事項を記入すると、管理権限を確定させる「確認コード」入力画面になる。①-3同様、電話か郵送で管理コードを受け取る。**

第 7 章 訪日外国人向けに有効で、
費用をかけないでできるWEBを活用した集客法のコツ

②-5 管理画面例

ここから、口コミの管理や掲載写真の管理ができる。

③-1 (スマホ版)
App Storeで「マイビジネス」と検索すると上位に出てくる「Google マイビジネス」のアプリをダウンロードし、起動。
Google(Gmail)アカウントでログイン。

③-2
「ビジネス名」で自店舗の名前を入力。すでに店の情報が登録されている場合は、候補となる店舗名が出てくる。タップすると、それに紐づいた住所や地図情報、電話番号、公式ウェブサイトが自動で入力される。候補となる店舗名が出てこない場合、すべて自分で入力する。「この住所が見つかりません」と出た場合、「マーカーの場所を指定する」をタップして設定する。

第7章　訪日外国人向けに有効で、
　　　　費用をかけないでできるWEBを活用した集客法のコツ

Google マイビジネス、こんなケースは？

Q1 Googleマップで「川崎　ランチ」「新橋　うなぎ」で
検索されて上位に出るにはどうすればいいの？

A1 お客様に口コミを書いてもらう
Googleはお客様の口コミ情報も検索結果に反映して
いるようだ。お客様から「ランチがおいしかった」「新
橋でのうなぎ接待に利用」といった口コミが入れば、
自然と上位になる。

Q2 違うお店の口コミがされてしまった。うちはラーメン
屋なのに、外国人から「コーヒー1杯に2時間近く待た
された」という口コミが入ってしまった。

A2 ①レビューに返信
②ポリシー違反としてgoogleに報告する
①Googleが位置情報をもとに口コミを求めることがあるた
め、GPS感度が悪いとこういったことが起きます。残念なが
ら、マイビジネスでは、投稿した本人以外、口コミを削除す
ることができません。「口コミに返信する」機能で、「あな
たは違うお店の口コミをしていませんか？私たちはラーメン
店で、コーヒーは提供していません」と返信しよう。口コミ
をした人が自主的に口コミを削除してくれるかもしれません。
②Googleに報告する。実際に削除してもらえるかは
Googleの判断次第なため、気長に待つ必要がある。

■①PCから報告する場合

　報告したい口コミを表示する。マウスポインタをレビューが書かれている上におくと、矢印でも示したところの▶のようなマークが出てくる。▶マークをクリックすると、「ポリシー違反を報告」画面が出てくる。「トピックに無関係な内容が含まれている」にチェックを入れて送信する。

第 7 章 訪日外国人向けに有効で、
　　　　費用をかけないでできるWEBを活用した集客法のコツ

■②スマホから報告する場合

報告したい口コミを表示する。投稿者の名前の右にある「…」マークをタップする。「口コミを報告」をタップすると、「ポリシー違反を報告」画面に遷移する。「トピックに無関係な内容が含まれている」にチェックを入れて送信する。

英語ができなくても光る
SNS「instagram」

　飲食店の SNS 活用方法といって連想しがちなのは、

　「店舗がインスタや Facebook の公式アカウントを作り、毎日シズル感のある写真をアップする」

　「コメントには全部返信する」

　「＃（ハッシュタグ）を使った投稿をすればいい」

　といった手法だが、これは店舗スタッフの労力がかかるだけで、時代遅れである。SNS 集客は、お店が苦労するのではなく、お客様が楽しみながら自主的に拡散してもらう手法だ。

　「SNS 映え」と言われる写真の特徴は、P156 に示したように大きく３つある。提供している店舗・内装・商品であてはまるものがあれば、ぜひ積極的に取り入れてほしい。

第7章 訪日外国人向けに有効で、
　　　費用をかけないでできるWEBを活用した集客法のコツ

１．かわいい・カラフル、色彩がユニーク（写真例）

　彩度が高いもの、色彩が豊かなもの・想定外なもの。

　ピンク色のカレーや、スープの色が青いラーメンなどは外国人に限らず日本人も驚ろかす。

　食事そのものの彩度が高くなくとも、食器や店内インテリアのバランスも含まれる。

２．非日常が演出できるもの・日本っぽいもの

　外国人観光客にとって、日本旅行は非日常そのもの。和食や和菓子を提供するお店、食器に凝っているお店、スタッフが和装をしているお店もあてはまる。

３．規格外・想定外

　ローストビーフタワーや東京タワーバーガーなど、大きさ・長さが想定外で、写真に撮っておきたくなるもの。

　SNS時代の集客は、「店舗の公式アカウントを獲得して毎日写真をアップする」という労力対効果が低い手法ではなく、お客様に店の写真をアップしてもらえように仕向け、お店のPR・認知向上を勝手にしてもらうのがポイントだ。日本国内では「店内写真NG」というお店もあるため、「写真歓迎」の意思を示そう。

とくに活用をすすめたいのは写真SNS「インスタグラム（Instagram）」。2017年の新語・流行語大賞（ユーキャン）「インスタ映え」のもととなったSNSだ。日本のみならず、世界中の10代〜30代の女性を中心に、8億人が使っており、外国人旅行者は旅行情報を収集するのにも活用している。画像情報がカギを握るSNSなので、英語での情報発信が苦手という飲食店こそ続けやすい。

　お客様には、写真をアップしてもらうだけではなく、店舗情報と紐づけてアップしてもらうと、さらに集客につながる。インスタグラムの場合、店舗情報は①位置情報と紐づける　②公式アカウントと紐づける　の2種類いずれかが効果的だ。

　お客様はハッシュタグをつけた投稿をして盛り上がっている。しかし、ハッシュタグだけでは投稿を見た人の集客にはつながらない。ハッシュタグではなく、位置情報を追加するか、お店の公式アカウントがある場合はお店のアカウントに言及するよう声をかけてみよう。

　次のページに示すケースをイメージしてもらいたい。

157

第7章 訪日外国人向けに有効で、
費用をかけないでできるWEBを活用した集客法のコツ

例1　日本人の反応

①位置情報編

位置情報が紐付けられている。

＜お客様の日本人の友人が、投稿を見た場合の反応＞
上の画面（位置情報の紐づけなし）を見た感想
　「◎◎ちゃんの子ども、大きくなったなあ。フローズンいちごを削ったかき氷！間違いなくおいしいね〜」

下の画面（位置情報紐づけ済）を見た感想
　「◎◎ちゃんの子ども、大きくなったなあ。フローズンいちごを削ったかき氷って、間違いなくおいしいね〜。あ、位置情報がついているぞ。どこにあるお店なのかな？タップしてみよう」

位置情報ページの例。
上に地図、下に位置情報が
紐づけられたほかの投稿が
掲載される。

第7章 訪日外国人向けに有効で、
　　　費用をかけないでできるWEBを活用した集客法のコツ

「来週この近く通るな。ほかの（人が投稿した写真の）メニューもおいしそう！ハイウェイオアシスの上みたいだし、いってみようかな」

（地図は拡大可能：筆者の画面は英語設定にしてあるが、スマホの設定言語通りの表記になる）

入店につながる

▲お店の位置情報の設定方法

　トリップアドバイザーと同様、すでにお客様やお店のスタッフが自主的に位置情報を作っているケースも多々ある。（位置情報の設定方法 P171 で解説）

例2　外国人集客に役立てるケース

公式アカウント紐づけ編

【お客様の外国人の友人が投稿を見た場合の反応】
左の画像

　「友達の結婚式でスイーツ食べたんだね」

右の画像

　「友達の結婚式でスイーツ食べたんだね。位置情報がついているけど、日本語でなんて書いてあるかわからないな。一応タップしてみよう。場所はわかったけど…

第 7 章　訪日外国人向けに有効で、
　　　　　費用をかけないでできるWEBを活用した集客法のコツ

あっ、本文よく見たら公式アカウントのリンクがあるな」

→公式アカウントの@asahiya_pubをタップし、遷移

「わあ、すてきなお店！お店のインスタのページの説明文は日本語だけでよくわからないな。ウェブサイトもあるみたいだから、見てみよう」

公式ウェブサイトのURLをタップ

　「ウェブサイトには英語のページもあるんだね、助かるなあ。クリスマスディナーのコースもあるんだね。このまま予約もできるんだ。今度日本に行くときのお店の候補にしよう。そういえば、友達が来月東京行くって、予約できるお店の情報探していたな。このウェブサイトのアドレスをメールで送ってあげよう」

お客様もしくはご友人の予約・来店につながる

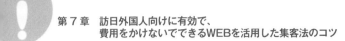

「トリップアドバイザー見てね」と書いたショップカードを帰るときに渡し、そこへのコメントを増やすようにするのも、外国人観光客向けのいい販促になります。

お客様に投稿してもらう仕組みづくり・例

1．写真撮影スポットを用意する

　顔ハメ、背景に写真を撮りやすいスポット作りなど、「インスタ映え」しやすいスポットをつくる

2．写真 OK の表示　&　「スタッフに声をかけてくれたら写真を撮ります」を店内やメニューに表記

【文章例】

「Photos are OK!」
（写真撮影OKですよ）

「We welcome your photos here!」
（写真撮影歓迎です！）

「You can take photos in this shop」
（店内写真撮影できます）

「Our staff can take your group photo, just ask!」
（スタッフがみなさんの集合写真撮りますので、お気軽に依頼してください）

第 7 章　訪日外国人向けに有効で、
　　　　 費用をかけないでできるWEBを活用した集客法のコツ

「You can say "cheese" in this restaurant」
（このレストランで「セイチーズ（はい、チーズ）」してもいいですよ）

【忌避条件を加えたい場合の例】

Please do not use flash
（フラッシュはたかないでください）

Please do not disturb other customers
（ほかのお客様のご迷惑にならないようにしてください）

Please do not use selfie-sticks
（セルフィー棒の使用はご遠慮ください）

　写真慣れをしているスタッフには、以下の文面があるバッジやマークを体につけさせると、外国人客は声をかけやすいだろう。

「I am happy to take your photo」
（よろこんでお写真撮ります）

「I can take a picture for you」
（あなたの写真撮影、やりますよ）

「Shall I take your picture?」
（お写真、撮りましょうか？）

「I' m the photographer of this restaurant」
（このレストランの写真撮影担当です）

3．写真を SNS に投稿すると割引する
　海外・一部地域の飲食店ではこの手法は活発だ。
　一時期日本でも、「お店についてすぐに投稿してくれたら、フォロワーの数だけお値引きします」というプロモーションをしている小売店もあった。ただ、SNS のフォロワーが容易に「購入」できるようになった現在、その手法はあまり見られなくなった。

「Post photos of us on your SNS NOW, and you can get a coupon! Please show us your display after posting」
今すぐにSNSに投稿してくれたら、クーポンを差し上げます。投稿した画面をスタッフに見せてね。

Share your photo on your SNS NOW, and you can get a free beverage!
いま、SNSで写真を投稿してくれたら、無料でドリンクをサービスします！

第7章 訪日外国人向けに有効で、
　　　費用をかけないでできるWEBを活用した集客法のコツ

＜インスタグラムの店舗公式アカウント（ビジネスアカウント）の開設方法＞

　インスタグラムはスマホやタブレットからのみ投稿できる。PCからはアカウントの新規開設と投稿の閲覧はできるが、画像の新規投稿はできない。（Windows用のInstagramアプリなど、特別なアプリをDLすれば可能）

（1）アプリのダウンロード
　オーナーの私物、もしくは店舗用スマホ・タブレットからアプリストア、Googleプレイから「インスタグラム」をダウンロードする。すでにダウンロードして個人使用している場合は、一度ログアウトするか、「設定」から「カウントを追加」をタップ。

（2）ログイン画面
　ログイン画面に遷移する。「登録はこちら」をタップする。

168

(3) 新規登録画面

「Facebook アカウントを利用してログイン」をすると、オーナー個人のアカウントが作成されてしまう。Instagram は Facebook の傘下サービスなため、Facebook アカウント情報と紐づいている。

店舗用アカウントは、「電話番号またはメールアドレスで登録」から登録を進める。電話番号の場合、固定電話ではなく、SMS（ショートメールサービス）を受け取れる番号を登録する。オーナー個人や店員個人の番号でも可能。

(4) 名前とパスワードを設定。名前は店の名前を推奨。後で変更もできる。

(5) 最初のユーザーネームは自動的に設定される。お店の名前にちなんだもの・(客が紐づけた投稿をしやすいように) 短いものに変更しよう。

× asahiya_shuppan_pub　× hounichi_inbound_sogo_kenkyuujo

○ ashy_pub　○ asahiya1719　○ jp_inbound

第 7 章　訪日外国人向けに有効で、
　　　　費用をかけないでできるWEBを活用した集客法のコツ

(6) ビジネスアカウントへの設定

自分のアカウントの
ホーム画面から「設定」
をタップし、オプション
設定をする。「ビジネス
プロフィールの承認」を
タップし、必要事項を登
録する。

(7) ビジネス
　　　プロフィールの
　　　できあがり

ビジネスプロフィールにすると、
「メール」「道順」「電話する」が
設定可能。

＜インスタグラムの「位置情報」の設定方法＞

　インスタグラムの位置情報は、Facebookの「チェックイン」の位置情報とリンクしています。

　準備：スマホかタブレット端末、facebokアカウント（個人用）を用意。GPSの位置情報を利用した作業なので、登録場所で操作する。

(1) スマホかタブレットに「Facebookアプリ」をダウンロード。「GPS位置情報」の設定を有効にする

(2)「Facebookアプリ」を起動

(3)「今なにしてる？」の右下にある「チェックイン」をタップ

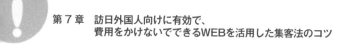

第7章 訪日外国人向けに有効で、費用をかけないでできるWEBを活用した集客法のコツ

(4)「今どこにいる？」で、登録したい名称を記入。

　文字を入力するとこうなります。➡のところの「＋」をタップすると、位置情報の登録画面になります。

(5) カテゴリを選択

(6)「位置情報」場所を選択で「今ここにいます」をタップ。

第 7 章　訪日外国人向けに有効で、
　　　　費用をかけないでできるWEBを活用した集客法のコツ

（7）次の画面で右上の➡のところの「作成する」をタップすれば位置情報が完成。

（8）その後、公開設定を「全体」にして投稿する。

　これで、Facebook 上でチェックイン場所の設定ができました。
　Instagram に情報が反映するまでに時間がかかるケースもあり。

外国人集客でよくある質問

Q 外国人客は予約してもノーショウとなることが多い。食材の無駄になるため、切実に困る。どうにかならないものか。

A 完全事前決済型の予約サイトの導入をおすすめする。「ミシュラン」掲載店舗は、これらのサービスをうまく利用して、予約対応の人件費コストを抑えているという。
予約の段階で、席だけでなくコースまでオンライン上でクレジットカード決済をしてもらえるサービスもある。
2018年4月現在、日本では以下のサービスが展開されている。

サービス名：日本美食
対応言語：日本語、英語、中国語（簡体字、繁体字）
費用：初期費用は要問合せ（キャンペーンなどで初期費用0の時もあり） ＋送客手数料10％（成果型報酬）
展開地域：首都圏
旅行者向けスマホアプリ：あり

中華圏の利用者が多い。アプリ上でコースの予約と決済が、店頭でもQRコードの決済が可能。旅行代理店やJR、ハイヤーと提携しており、集客力が非常に強い。席だけでなく、コースや料理の完全事前予約・決済や、店頭でのスマホ決済も対応。

第7章 訪日外国人向けに有効で、
　　　費用をかけないでできるWEBを活用した集客法のコツ

> サービス名：OpenTable　（オープンテーブル）
> 対応言語：日本語、英語、フランス語、イタリア語、スペイン語、ドイツ語、オランダ語
> 費用：初期導入費用＋送客手数料（システム利用の場合、別途月額システム利用料）
> 展開地域：首都圏、関西、主要観光地
> 旅行者向けスマホアプリ：あり
>
> 20年以上前に北米で始まったサービスで、北米での認知度が抜群に高い。ユーザーは、母国語で世界中のレストランの検索、オンライン予約が可能。全世界で4万店以上が利用。ハワイ旅行で使う日本人も多い。
> 「VIPのお客様が来店したらレストラン責任者に通知がくる」など、飲食店運営側にとっても、使い勝手がよい機能がある。リアルタイムの席情報を予約者・レストラン双方に提供しており、直前キャンセルで空いた席で別の予約を受け付けることが可能。

サービス名：マイコンシェルジュジャパン
対応言語：英語、中国語（簡体字、繁体字）、韓国語
費用：初期費用15万円＋月額3万円＋送客手数料
（10%〜応相談）
展開地域：関西中心
旅行者向けスマホアプリ：なし

初期費用で、オフィシャルサイトの多言語版（英語、中国語、韓国語）の制作が必須。ネイティブスタッフが受付窓口を担当する。ネイティブスタッフがお客様の食物アレルギー情報などもヒアリングし、お店に共有。お客様に対してきめ細かいサービスが可能。事前決済というより、社外に自社専用の外国人集客専門の協働チームができるイメージ。「お店に寄り添って、店舗が気づいていない外国人に魅力に映るポイントを引き出して発信する」（代表・藤原雄輔氏談）

**第 7 章 訪日外国人向けに有効で、
　　　　費用をかけないでできるWEBを活用した集客法のコツ**

第8章

予算1万円以下で、

自分でカンタンに作れる

訪日外国人集客ツール

第8章　予算1万円以下で、自分でカンタンに作れる
　　　　訪日外国人集客ツール

意外と効果がある、「紙のチラシ」での集客

　7章では、旅行中の外国人客の集客方法として、ウェブサイトのトリップアドバイザーの活用方法を紹介した。外国人客はおおむねITの活用に慣れているが、中にはそうでない人もいるし、旅行中に充電切れを起こし情報収集にスマホやタブレットを使えなくなった…という場面に遭遇するのは珍しくない。

　そんな旅行者にとって役立つのが、紙の広告媒体。具体的には、A4のチラシ、ポストカードサイズのフライヤー、ショップカードだ。

　外国人旅行者向けのフリーペーパーや観光マップもそれにあたるが、広告掲載費はなかなかの額である。なかには「うちのエリアには外国人客は来るけれど、観光マップが作られるほどではない」という地域もあるだろう。個別のチラシ類は、そういうエリアの個店ほど成果が出しやすい。なぜなら、競合が少ないからだ。

フリーペーパーの例。発行元は、自治体や観光協会、出版社、外資系メディアなどさまざま。自分で配布先を探す手間は省けるが、広告掲載費は安くない。

外国人向けのチラシづくりで欠かせない2つのポイント

　では、どのように作成すればよいか。おおむね、日本人向けのチラシ作成と変わらないが、以下の2項目は絶対にハズしてはならないポイントだ。

（1）地図をきちんと入れる

　土地勘がない人にもわかりやすい、目標になる建物や駅を盛り込むこと。それもすべてアルファベットで表示する。

　たとえば、地図に目印として「ミニストップ」を入れても、は外国人にとってわかりづらい。「ミニストップ」は世界中にあるものではなく、共通の概念ではないからだ。Convenience store (yellow & blue color) として、看板の色の特徴を付記するといい。

　また、店の外観や目印になるものも入れておくとよい。

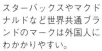

スターバックスやマクドナルドなど世界共通ブランドのマークは外国人にわかかりやすい。

第 8 章　予算 1 万円以下で、自分でカンタンに作れる
　　　　 訪日外国人集客ツール

（2）メニューと、料理や内装の写真を入れる

　お店の目玉メニュー、店の雰囲気がわかる写真を掲載すること。

　「ベジタリアン対応可能のメニュー」「イスラム教徒でも食べられるメニュー」がある場合は、大きな PR ポイントになる。

　この他、訴求力のあるキーワードを紹介する。

English Menu Available

英語メニューあります

Halal/ vegetarian Menu Available

ハラル / ベジタリアン向けメニューあります

We have free wi-fi

無料の Wi-Fi があります

◯minutes from A station

A 駅から◯分！

Budget
Lunch –1000yen
Dinner and drink –2,000yen

予算ーランチ 1,000 円
ディナー 2,000 円
アルコール含む

We have various
Japanese Sake and
Shochu.

日本酒・焼酎の種類豊富です

第8章 予算1万円以下で、自分でカンタンに作れる
訪日外国人集客ツール

Information from Restaurant Mikiho
We Welcome foreign customers!!

There is bilingual working staff who can speak in English.

We have menu books in Chinese, Korean, English with dish pictures.
This hotel has sample of menu books.

Free-wifi service is available.

We have halal & vegetarian menu items.

We can change ingredients if there is anything you can not eat.

Western style lavatory is available.

Tipping is not required at this restaurant.

Map

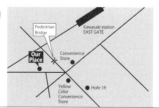

Oumi Wagyu Steak-200g
1480yen

- 英語を話せるスタッフがいます！
- 写真入りの外国語メニューがあります。
- 無料 Wi－Fi あります。
- ハラルやベジタリアンメニューがあります。
- 食材の変更が可能です。
- トイレは洋式です。
- チップはいただきません。

第 8 章　予算 1 万円以下で、自分でカンタンに作れる
　　　　訪日外国人集客ツール

外国人観光客が持って行ってくれる場所・施設にチラシを置いてもらう

　では、どのように店の宣伝チラシを配布をするのがいいか。配布場所は、外国人が集まる場所をターゲットに絞ろう。

外国人観光客の利用が多い宿泊施設に置いてもらう

　単純に、外国人の宿泊者が多いホテル、ゲストハウス、ホステルに配布する。多くの飲食店が意外と思うのだが、タダで宿泊客向けサービスの一環としてチラシを置いてくれるホテルは意外と多い。

　私はイスラム教対応の関係でホテルなど宿泊事業者と会う機会も多いが、「外国人宿泊客から、おすすめのレストランや英語のメニュー、ハラルのメニューがある飲食店を聞かれるけど、情報を把握していなくて答えられない」というホテルもかなり多かった。ホテル事業者も多忙で情報収集が足しておらず困っているということが見受けられた。

　半分ダメ元で「食べるところに困っている外国人観光客のお客様がいたら、ぜひうちを紹介して」と交渉にいっても、決して時間の無駄ではないだろう。

店の近くに外国人観光客が宿泊するホテルがあるなら、そこに店の案内を書いたチラシを置いてもらうのはいい。そのホテルと店の位置を表示した地図は必ずのせたい。

第8章 予算1万円以下で、自分でカンタンに作れる
　　　　訪日外国人集客ツール

チラシを置いてもらうときに合わせて表示する英語
以下、「ご自由にお持ちください」の意味である。

Take free
Please take one
Feel free to take one
Please take one free

外国人宿泊者が多いホテルを探すには、
トリップアドバイザーをチェック！

7章で紹介した、旅行口コミサイト「トリップアドバイザー」。
ここで、店の近くにあるホテルを探してみよう。一つ一つホテ
ルのページを開き、日本語以外の口コミ数をチェック。英語や
中国語の口コミが多ければ、外国人からの利用が多いホテル
と判断して間違いなし！

口コミ (268)					ANA 5 とても良い › 口コミを書く
旅行者の評価		旅行者のタイプ	投稿時期		言語
□ とても良い ▓▓▓▓▓▓	142	□ ファミリー	□ 3月～5月		◉ すべての言語
□ 良い ▓▓▓▓	97	□ カップル・恋人	□ 6月～8月		○ 日本語 (165)
□ 普通 ▓	18	□ 一人	□ 9月～11月		○ 英語 (86)
□ 悪い ▏	7	□ 出張・ビジネス	□ 12月～2月		○ 中国語 (繁) (30)
□ とても悪い ▏	4	□ 友達			その他の言語 ▾

外国人からの口コミが多いホテルの例

> **店のチラシをホテルに置いてもらうには、どんな風に交渉すればいいのか？誰に交渉すればいいのか？**
>
> -
>
> コンシェルジュがいるホテルであればコンシェルジュあてに、いないのであれば支配人に電話をし、「ご挨拶させてください」とアポイントメントをとろう。予算があれば、「食事に招待」も◎。とくに、ハラルやヴィーガン、アレルギー対応など、食事に制限がある人でも食べられるものを扱う飲食店は、その部分を店の特徴としてアピールしやすい。

（1）　地域の観光案内所に置いてもらう

　観光案内所は、その運営母体や地域によって大きく反応が異なる。ダメもとで問い合わせ、「自分の店には英語のメニューがあり、このことは外国人にとって有益な情報になる」ということをアピールして交渉してみよう。

（2）民泊施設に置いてもらう

　実は、民泊施設は、超穴場である。

　民泊は寝室のみの提供で、一般的に食事の提供はない。「自分の店が入っているビルの上が実は民泊物件。泊まっている外国人観光客が毎晩食事してくれた」という話や、「店長が他の店にアルバイトに行くくらい客が来ないパン屋が、近くの民泊客に利用してもらうことで復活した」という実話もある。

189

**第8章　予算1万円以下で、自分でカンタンに作れる
　　　　訪日外国人集客ツール**

　民泊にもいろいろな種類がある。主に、以下の種類に分けられるだろう。

　ホームステイ型…一般家庭が国際交流を目的に、空いている部屋に旅行者を受け入れる。

　空室物件型… アパートやマンションを複数所有している大家さんや不動産屋が、空室物件を民泊施設として活用する。「賃貸に出すより儲かる」と一時期注目されていた。現在は法規制により容易ではなくなった模様。

　賃貸型…サラリーマンなどが賃貸用の物件を借りて民泊施設として運営する。

　運営も、ホームステイ型以外は、専門の代行業者に完全委託しているケースもある。代行業者の仕事は、民泊サイトの登録や、チェックイン・チェックアウト時間の把握、鍵の受け渡し、清掃など実務的なものが中心だ。民泊利用者への観光情報提供まで手が回っておらず、「観光協会から観光マップを取り寄せる」ということもしていない事業者も少なくない。

190

　では、自分の店の近くに民泊物件はあるのだろうか？

　まず、Airbnbというサイトにアクセスしてみてほしい。上の➡のところの「行き先」に自分の店の住所や最寄り駅を、そして「宿泊先」のタブをクリック。すると、地図とともに民泊物件と宿泊料金が出てくるはずだ。

　この地図上では、Airbnb宿泊利用者がシステムを利用せずAirbnb物件登録主に直接交渉するのを防ぐため、正確な位置は掲載されていない。(そのため、駅や線路の上に表示されることがしばしばある)

第8章 予算1万円以下で、自分でカンタンに作れる
訪日外国人集客ツール

　店の近くの民泊施設を見つけたら、次に、その民泊物件のオーナーと交渉だ。Airbnbのサイト上でアカウントを作り、自分のお店の付近の民泊物件に手あたり次第、連絡する。下の画面の➡のところの「ホストに連絡」で個別メッセージが送ることができる。

民泊施設オーナーに送る
交渉メッセージの文例

　突然のメッセージ申し訳ありません。私、港町駅で
ラーメン屋「みきほ庵」を営む堀田と申します。我々
の店には、英語のおしながきもあり、ベジタリアンの
方でも食べられるセットメニューを用意しています。

　このたび、英語のショップカードを作りましたので、
そちらの民泊物件に置いていただくことは可能でしょ
うか？　ご返信お待ちしています。

注意：Airbnb のメッセージ機能で、住所や電話番号をメッセージに入れ
て送ることができない。

　なお、民泊事業者はお金にシビアな人が目立つように感
じる。中には、「チラシを置いてあげるから一回無料で食事
させてくれ」とか、「毎月 1 万円でチラシを置いてあげる」
と条件を出して交渉してくる人もいるかもしれない。ここ
は、お互い無理せず、妥協点を見つけてほしい。

第 8 章 予算 1 万円以下で、自分でカンタンに作れる
訪日外国人集客ツール

チラシに地図をのせるとき、その地図には、初来日の外国人観光客でもわかる目印をのせておくのも大切。

第9章

食に制限がある人対応、
イスラム教徒、ベジタリアン、
食物アレルギーの方への
接遇とコミュニケーション例

第9章 食に制限がある人対応、
イスラム教徒、ベジタリアン、食物アレルギーの方への
接遇とコミュニケーション例

　イスラム教徒、ベジタリアン…いずれも日本人にはあまりなじみがない人々だ。食物アレルギーは、学校給食での死亡事故から対応の必要性を感じている事業者も多いのではないだろうか。いずれも、キモとなるのは使っている食材の原材料の把握とお客様との意思疎通だ。

　原材料の把握は、卸業者から・近所のスーパーから・メーカーから直接仕入れている食材——ドレッシングやソースなどの加工品も含めて、原材料を把握する必要がある。

　逆に、提供しているメニュー情報を、食品原材料の規格書情報管理とともに管理しているシステマチックな飲食店はぜひ取り組んでほしい。

　食物アレルギーを持つお客様との意思疎通は、日本人同士でも簡単ではない。本書では、紙を使ったコミュニケーション例や会話例を掲載した。ぜひ参考にし、導入に役立ててほしい。

イスラム教徒対応とは？

　イスラム教徒対応と聞くと「ハラール対応が必須」、「ハラール認証をとらないといけない」、「酒があったらNG」、ということを思い浮かべる人が多いのではないだろうか。

　このイスラム教徒対応については、非常にさまざまな立場の人が、さまざまな主張をしており、ひとまとめに論じるのは難しい。筆者は、イスラム教が国教であるマレーシアに2002年から1年、世界で最もイスラム教徒が多いインドネシアに2010年から3年半ほど滞在していた。また日本で中部地方と南関東のモスクに出入りし、留学生たちと話を聞いてきた。その上で、インドネシアのイスラム教徒専門の旅行会社からのニーズを聞いたうえで、個店飲食店が知っておくべきポイントをまとめた。

第9章　食に制限がある人対応、
　　　　イスラム教徒、ベジタリアン、食物アレルギーの方への
　　　　接遇とコミュニケーション例

ハラール「認証」は必須ではない

　日刊工業新聞（2017年9月14日）の報道では、「イスラム教徒に人気のレストランランキング」（17年版）の上位10位中、5店しかハラール認証を取得していなかった。しかもトップの店も、ハラール認証を取得していなかったという。このことから、「ハラール認証が必須ではない」ということが言えることを、まず念頭においてほしい。

　イスラム教徒といっても、個々人の宗教解釈は様々である。そしてそれは国・性別・所得層によって傾向がある、というわけでもないのだ。

　大前提として、イスラム教徒は「豚」と「アルコール」がNGである。厳密には
　・豚エキスが使われた調味料（ラード、ゼラチン）
　・製造過程で豚由来のものに触れたもの（例：豚の毛ブラシで形を整えたお菓子）
　・精製過程でアルコールを含んだ醤油・みそ
　・豚肉を調理したフライパン・まな板などで調理したもの
　・アルコールを入れたことのあるコップやジョッキ
　・アルコールで消毒されたまな板
　・イスラム法に則った屠畜方法でない鶏肉、牛肉、羊肉
　・製造過程に動物由来のグリセリンを使った砂糖
上記すべてNGである。少なくとも、上記を扱っている

飲食店は「ハラール認証」を取得できない。

だが、イスラム教徒の反応はそれぞれだ。

**Aさん
パキスタン
男性 50代**

ビジネスのた
めに年に
10回訪日

…「**ハラール認証のある飲食店か、シェフ
がムスリムという飲食店でしか食べない。**だ
から、日本に来ても毎日（トルコ人が経営す
る屋台の）ケバブと（パキスタン人やインド
人が調理する）インドカレーを食べてる。日
本食は興味があるけれど、自分が食べてよい
ものではない」

…「日本でハラール認証取得という飲食店
を見たことがあるけど、正直信頼できない。
日本人の言う「ハラール」はあてにしてい
ない。**ハラールかハラールじゃないかは、自
分で判断するから、どんな食材を使っている
かを英語で教えてほしい。**豚とアルコールが
入っていないのであればなんでも食べるわ」

**Bさん
インドネシア
女性 30代**

訪日経験は
3回目

**Cさん
マレーシア
女性 50代**

訪日経験は
2回

…「豚肉が入っていないのであれば OK。
アルコールは、揮発しているよね？**泥酔目的
のアルコール摂取じゃないならアッラーも許
してくれるから、みそ・醤油は OK よ**」

199

第9章　食に制限がある人対応、
　　　　イスラム教徒、ベジタリアン、食物アレルギーの方への
　　　　接遇とコミュニケーション例

Dさん
シンガポール
男性 30代

訪日経験は
1回

…「ぼくはモダンなムスリムだから、**日本酒も楽しむよ**。ただ、泥酔しないように1日1杯だけね。豚は絶対ダメ。豚由来のエキスもダメ。『原材料すべて公開しろ』とは言わないけれど、わかる限りの情報を伝えてほしい。醤油類とみりんは料理中に揮発するからOK。」

…「シェフがイスラム教徒じゃないレストランにも行く。**まな板やキッチン用品のアルコール消毒の店がダメとなったら、食べられるお店がなくなってしまう**。イスラム教は、信者の行動を制限し、信者の幸福を妨げる宗教ではない。豚肉は絶対NGだけど、お店がわかる範囲内で豚由来のものがない食べ物を

Eさん
インドネシア
女性 20代

日本人男性と
結婚、
日本在歴5年

選んでいる。中には、従業員に『このソースに豚エキスが入っていないか、メーカーに今すぐ確認して』とお店のスタッフに命令するイスラム教徒もいるけれど、それはアッラーが望んでいることか…ちょっとわからないな」

Fさん
インド
女性 20代

日本人男性と
結婚、マレー
シア在住・年
に1度訪日

…「日本にいくとき、とんかつとかあからさまな豚肉料理は食べないけど、豚エキスとかは調べようがないからあきらめている。イスラム教徒に改宗した日本人の夫は、改宗前と変わらず、ビールも飲むし、豚骨ラーメンも食べる。ただ、田舎の私の両親の前で

200

は、ハラールのモノしか食べない。両親と日本に来たときは、**ハラールに気を使う。お店がアルコール消毒をしているかどうかまでは調べきれない**し、両親もそれを求めていなかったけど、豚肉を扱っているお店は避けた。寿司もハラール醤油がおいてる店を探した」

　…「**ひとりの時は、わかる限りで豚肉が使っていないメニューを選ぶ**。社食のカレーに豚肉が入っているって知らずに頼んで、仕方がなく豚肉をよけてあとは食べたこともある。本当はイヤだったし、もし親や兄弟に知られたらすごく怒られるだろう。研修取りやめで強制帰国かも。

Gさん
マレーシア 男性 30代
日本に研修で 1か月滞在

　ムスリムの友人3人以上と食べるときは気を遣う。2人の時は、(どの程度気にするかは) 相手との関係性によるかな。」

Hさん
マレーシア 男性 60代
日本人女性と 結婚

　…「**なんでも食べる。アルコールも泥酔しないレベルで飲む。ハラールかどうかはあまり気にしたことない**。気にしだすと人生楽しめなくなるし、アッラーは人生を楽しめなくするために禁止しているわけではない」

201

第9章 食に制限がある人対応、イスラム教徒、ベジタリアン、食物アレルギーの方への接遇とコミュニケーション例

…「会社で弁当が出るけれど、**豚肉以外はなんでも食べる**。みりんとか、醤油とか、ハラールじゃない鶏肉（イスラム教の屠畜方法に従って処理された肉）も本当はダメかもしれないけど、**手に入らないんだから仕方がない。手に入らないんだから、神様も許してくれるだろう。社長に相談して、なるべく鶏肉の手配をしてもらっている**」

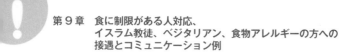

Iさん
インドネシア
男性 20代

日本に住む技能実習生

このように、解釈は人それぞれだ。

また、「ハラールかどうかはおいておいて、ハラールじゃないと知らなかったらOK」と解釈する地域もある。筆者がインドネシアで新聞記者をしていた際、日本酒をお披露目するパーティを取材したことがあったが、イスラム教徒の参加者も少なくなく、「これはすばらしいジュースね」「このスパークリングジュースもおいしいわ」と言い合って飲んでいた。誰がみても冗談とわかる会話だが、神様への言い訳を公言しているともとれる。

筆者は面識がないが、ハラール認証団体の人の話によると、「豚の糞を含んだ肥料を使って栽培したコメや野菜もNG（だから認証が必要）」という人や、「ハラール認証がない食べ物を食べるくらいだったら餓死する」という人もいるらしい。

この野菜の肥料のほか、砂糖のように、製造過程に使われたグリセリンが動物由来かそうでないか判別が非常に困難なものも多くある。「どこまで追求するか」、「どこまで気にするか」は個人による。

インドネシアのオフィス街にある青空食堂での一コマ。
イスラム教徒というと、女性はみな頭にスカーフを巻いているという印象があるが、上の写真をみるとスカーフをまいていない女性がいるのがわかるだろうか。
国外での食事へのスタンス同様、同じムスリムの女性でも、スカーフを巻くと選択した人・しない人それぞれである。

第9章 食に制限がある人対応、
イスラム教徒、ベジタリアン、食物アレルギーの方への
接遇とコミュニケーション例

海外ではどうしてるの？
人口の9割がイスラム教徒のインドネシアの場合

食は主に4つのカテゴリに分けられる。

1 地域密着型食堂（写真）や屋台

客と店の両者間で「お互いムスリムだよね」という安心感がある。客はハラールか否かの詮索をすることがなく、店側もハラール認証をあまり取得しない。

2 高級感のあるインドネシア料理店

非イスラム教徒が多い地域の郷土料理を提供する店以外は、原則的にアルコール飲料・豚肉等ノンハラール食品を提供しない。客側も詮索しないので、ハラール認証を取得する店は多くない。

3 外資系レストラン、ファストフード

ファン層の拡大や集客増を目的に認証を取得。店舗数が多く、レストラン認証取得数の大半を占める。インドネシアの吉野家もハラール認証を取得し、キャンペーン広告などにはマークを付けている。

4 本格的外国料理店

本格派イタリアンやフレンチ、日本食・韓国料理店など。ほとんどの店はアルコール飲料を供するため、ハラール認証取得は不可能だが、豚肉は使用しない店は多い。また、外国料理を楽しもうとする客側は、ハラールか否かに余り執着しない。

訪日ムスリム ──
何を気にする人が、どれくらいいるか？
豚肉とアルコールを使ってなければ「OK」8割。

東京都が、訪日中のイスラム教徒52人に対して行った「食べられる条件」についての調査では、
「豚肉、アルコールを使用していない」
「ハラールミート（ハラール認証をとった肉）・ハラールシーズニング（ハラール認証を取得した調味料）を使っている」
でそれぞれ86.5％の人が「食べられる条件」としている。

そのほか、「食器、調理器具をハラールフード用に分けている」、「厨房をハラールフード用に分けている」、「ムスリムシェフ、オーナーがいる」に対しては、5割程度にとどまった。

第9章　食に制限がある人対応、
　　　　イスラム教徒、ベジタリアン、食物アレルギーの方への
　　　　接遇とコミュニケーション例

結論として、イスラム教徒の人向けに、何すればいいのか

　飲食店は、「うちの店がやっているイスラム教徒向けの対応は、こうです」と情報開示をし、「それで OK という方が来てください」というスタンスでいくべし。

　コミュニケーションノート、方針説明ノートを作成して、店頭に掲示する。コミュニケーションノートの例は、214ページ以降に掲載。

> **イスラム教徒の人向けに、飲食店がすべき具体策**

では、具体的に何をすべきか。できる範囲内でやってほしい。

献立の原材料を分かる範囲内で調べ、メニューに明記する。

＊このメニューには豚および豚由来のもの、アルコール成分は含まれていません

＊This menu doesn't contain pork products (and alcohol)

というただし書きをするだけで、食の選択肢が増える人がたくさんいる。

原材料を確認するだけでも相当大変だ。だが、これをすると食物アレルギーを持つ人やベジタリアンへの対応も一気に楽になる。

第9章 食に制限がある人対応、
イスラム教徒、ベジタリアン、食物アレルギーの方への
接遇とコミュニケーション例

ハラール認証付きの食材（肉、調味料）を仕入れる

ハラール認証の食材というと、特別な業者と取引を始めないといけないと思われがちだが、2017年現在、ハラール食材は市場で流通しており、入手難易度はかなり下がった。

とはいえ、「ハラール対応しています」とPRしても、イスラム教徒のお客様はいつ来るかわからない。明日来るかもしれないし、一組目が来るのは2年後かもしれない。貯蔵スペースに余裕があるならば、1～2キロストックとして保存しておき、イスラム教徒のお客様が来たら出すという方法をとってみたらどうだろうか。

イスラム教徒のお客様が来たら、既存のメニューの肉や調味料をイスラム教徒向けのものに替えれば、新たなメニューを開発することなくイスラム教徒向けメニューとして提供できる。

イスラム教徒向けの肉は、市販されています

　ハラールの鶏肉は、首都圏であれば「肉のハナマサ（花正）」や「業務スーパー（神戸物産）」に冷凍のブラジル産鶏肉（むね・もも）が販売されている。イオングループの食料品店（まいばすけっと等）でも、一部店舗で「ハラル・トップバリュ」を扱っている。そのほか「アミカ」などの業務用スーパーでも取り扱っている店が多い。一度最寄りの業務用スーパーを確認してほしい。

　業務スーパーには、ハラールの認証を取得した冷凍食品やスナック類もある。新たにメニューを作るのがおっくうという事業者は、そういうものをそのまま出してもよい。

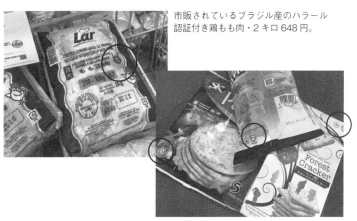

市販されているブラジル産のハラール認証付き鶏もも肉・2キロ648円。

ハラール認証マーク付きのクラッカーや冷凍パン、スナック菓子類。

第9章　食に制限がある人対応、
　　　　イスラム教徒、ベジタリアン、食物アレルギーの方への
　　　　接遇とコミュニケーション例

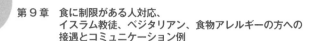

イスラム教徒向けの醤油・酢・みりん・めんつゆ

　ヤフーショッピングや楽天で取り扱いがある。「ハラール醤油」といった検索キーワードを利用しよう。

ステップ3

イスラム教徒専用の食器・調理器具・包丁・まな板・洗うスポンジを用意し、イスラム教徒向けでないものと分ける。

　これらは、アルコール消毒厳禁だ。
　イスラム教徒向けのキッチン道具には色テープをつけるなどして区別し、また普段使わない時は別のビニール袋などに入れて保管しておくとよい。
　イスラム教徒用の食器は紙皿で代用可能。イスラム教徒専用の使い捨て食器を製造しているメーカーもある。

　こういった取り組みをキッチンの写真とともに紙にあらかじめまとめておき、イスラム教徒のお客様から問い合わせを受けたときに提示すると、説明の手間も省ける。

寿司店

- ハラール認証取得済の酢と醤油を購入
- まな板・包丁・調理器具類… 触れる食材は鮮魚なため、イスラム教徒用か否かで分ける必要なし。
- 箸、皿… 使い捨てのものを使用。お店にある食器類は、すべてハラールではない醤油に接触した可能性があり、それらと分けるため。
- 店頭などで

We use halal-certified soy sauce and sushi-vinegar

ハラール認証取得済の醤油と寿司酢を使っています

の表記。

第9章 食に制限がある人対応、
イスラム教徒、ベジタリアン、食物アレルギーの方への
接遇とコミュニケーション例

ステップ1，2ができたら、店頭やウェブサイトで示すべき表記

None of our dishes contain pork products.

すべてのメニューに豚由来の成分を含んでいません。

No pork & alcohol-free dishes available.

豚肉とアルコールのないメニューがあります。

Halal-certified seasonings available.

ハラール認証を取得した調味料を用意しています。

Halal-certified meat available.

ハラール認証取得済の肉、用意しています。

We provide food on paper dishes for Muslims because most of our regular dishes have touched haram.

お皿がハラム（イスラム教徒が触れてはいけないもの）のものに触れた可能性があるため、イスラム教徒のみなさまには紙皿で提供します。

We can provide you with paper dishes, paper cups, and single use chopsticks if you want them. Please feel free to ask.

ご希望の方には、紙皿や紙コップ、使い捨ての箸で提供します。お気軽にお申し付けください。

第9章　食に制限がある人対応、
　　　イスラム教徒、ベジタリアン、食物アレルギーの方への
　　　接遇とコミュニケーション例

ムスリム向けコミュニケーションノート

Thank you for visiting Japan, and for coming to our restaurant.

遠いところから日本にお越しいただき、私たちのお店を見つけてくれてありがとう！

This is our restaurants information.
わたしたちは、こんな店です

□お店のシェフはムスリムです（出身国：　　　　）

Our chef is Muslim (from　　　　　　)

□すべての食材がハラール認証を取得しています。

All food in our restaurant is halal-certified.

□ハラール認証を取得した調味料を用意しています
　（醤油、みりん等）

Halal-certified seasonings available (such as soy sauce, mirin)

□すべてではありませんが、私たちの最大の努力をして、ハラール認証を取得した食品や調味料を用意しています。

Not all of our ingredients are halal-certified, but we do have some halal-certified food and seasonings.

□アルコールは消毒も含めて一切使っていません。

No alcohol used, including disinfectant.

□ハラール認証を取得した肉を用意しています

Halal-certified meat available.

□豚肉を使っていないメニューを用意しています

Pork-free menu available.

□豚肉や、豚由来のもの、アルコールを使っていないメニューがあります。
＊私たちは可能な限り原材料を調査しています

Pork-free (including meat and other by-products), alcohol free menu items available!
*We check the ingredients as much as possible.

□非ムスリム向けに、豚肉を使った料理やアルコールも提供しています。

We service pork dishes and alcohol for non-Muslims.

□イスラム教徒専用の食器を用意しています

We serve with Muslim-friendly eating utensils.

第9章 食に制限がある人対応、
イスラム教徒、ベジタリアン、食物アレルギーの方への
接遇とコミュニケーション例

□豚肉を使う料理の調理器具・食器類と、豚肉を使わない料理の調理器具・食器類を分けています。

We separate all utensils and kitchenware for Muslims and non-Muslims.

□豚肉とそれ以外の肉は、隔離して保存しています。

We store pork and other meats separately.

□私たちは、英語が流ちょうではありません。

We are not so good at speaking English.

以上が、わたしたちのお店の体制です。

The above is a description of our restaurant condition.

もし、あなたたちが納得し、わたしたちのお店を選んでくれたら、私たちができるかぎりのおもてなしをします。

If you agree with to our style and service, and choose to eat with us, we welcome you and will do our best to serve you appropriately.

イスラム教徒の旅行者向けに用意した案内書例。クリアファイルやラミネートパウチして店外に掲示するとよい。

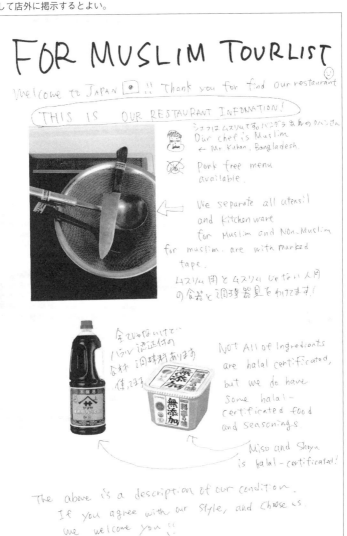

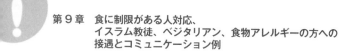

第9章 食に制限がある人対応、
イスラム教徒、ベジタリアン、食物アレルギーの方への
接遇とコミュニケーション例

ベジタリアンとは？

　日本ではあまりなじみがないベジタリアン。世界的にはベジタリアンの人口は増えているとされている。ベジタリアンというライフスタイルを選んだ動機は人それぞれだ。ある人は動物愛護の観点から、ある人は地球温暖化防止のため、ある人は健康上の理由で、ある人は美容目的で。

　ヨーロッパでは、自治体が「ベジタリアンの日」と銘打って、特定の曜日に肉を食べないよう市民に呼びかけている。その日は学校や官公庁の給食・食堂メニューもベジタリアンメニューになるという。

　ベジタリアンは欧米に多いとも思われがちだが、最もベジタリアンが多い国はインドだ。昨年450万人が訪日した台湾でも、人口の15％～20％。日本のヴィーガン向け飲食店情報サイト「ベジウェル」を運営するフレンバシー社の推計値では、2017年には130万人ものベジタリアンが来日していたという。これは、訪日するイスラム教徒人数よりも多い。

ベジタリアンにも、いろいろ

ベジタリアンというと、「野菜しか食べない人」と連想しがちだが、このベジタリアンにも、さまざまな種類がいる。分類すると、以下のように細分化する。

	木になる植物	フルーツ	はちみつ	乳製品	卵	魚介類	鶏肉	豚肉、牛肉、羊肉
ビーガン	●	●						
ラクトベジタリアン	●	●	●	●				
オボベジタリアン	●	●	●		●			
オボラクトベジタリアン	●	●	●	●	●			
ポロタリアン	●	●	●	●	●	●	●	
ペスカタリアン	●	●	●	●	●	●		

食べられるものが●で、ベジタリアンは皆、牛肉・羊肉・豚肉などの赤身肉は NG だ。

筆者の知人でも、以下のようなスタイルをとる人がいた。

Xさん
インド系
マレーシア人
60歳女性

ヒンドゥー教徒

「私たちヒンドゥー教徒は、牛を神聖な生き物としてみているから絶対に食べないわ。豚、羊もあまり食べない。可能であれば避けるだけで、それしかないなら食べるわ。魚ならいいわよ。魚の出汁もOK。私は、例えばポークカレーが出ても、豚肉を残して、ほかの野菜などを食べるわ。食べる・食べないは人それぞれ。義理の妹は、動物性エキスが混入したスープもダメだし、革のバッグも絶対買わない。」

第9章 食に制限がある人対応、
イスラム教徒、ベジタリアン、食物アレルギーの方への
接遇とコミュニケーション例

「私は医師のすすめで最近ベジタリアンになったの。肉を食べない方が体の調子がいいの。動物の肉はダメ。魚もダメ。卵はOK。ダシは骨も魚もOKよ。だから、鍋のホームパーティも参加したいわ。自分が食べられない肉はよけて食べるから」

Yさん
台湾人
30代女性

Zさん
ドイツ人
40代男性

「毎週木曜日と土曜日はベジタリアンの日って自分で決めてる。動物、魚の肉のほか、シュバイネシュマルツ（ラード）のような動物性由来のものは避けるね。」

結論として、ベジタリアン向けに、何をすればいいのか？

　①お店で提供している各メニューの原材料を確認する。

　②豚肉・牛肉・羊肉を使ったメニューは、該当食品を除去や、食材を変えることでメニューが成立するか検討する。

　例：海藻サラダにトッピングでつけるベーコンチップをやめる。から揚げ丼のから揚げを冷凍の大豆ミートから揚げに代用する。

　②メニューが成立する場合、メニュー表に「Vegan changeable menu(ヴィーガン)に変更可能」と表記する。

　③接客時は、コミュニケーションノートで食べられない・避けたい食材を聞き取る。

第9章　食に制限がある人対応、
イスラム教徒、ベジタリアン、食物アレルギーの方への
接遇とコミュニケーション例

食物アレルギー対応

　日本国内でも食物アレルギーを持つ人が増加傾向だ。厚生労働省によると、日本人の1〜2％、幼児に限れば10％が何からの食物アレルギーを持っているという。食物アレルギーの症状は、皮膚のかゆみ・むくみなどの軽度のものから、下痢・腹痛などの消化器官、アナフィラキシーショックといった重度のもの、最悪の場合は死に至る。

　店内の食物アレルギー対応を強化すれば、外国人だけでなく、食物アレルギーを持つ日本人の集客につながるだろう。ぜひ取り組んでいただきたい。

具体的に何をすればいいか

　①提供するメニューに、どの食材を使っているか、確認する

　②（可能であれば）食物アレルギー担当を決める

　②調理場・調理器具の流れから、コンタミネーションが起きる可能性があるかを精査する

　③接客時に、お客様の食物アレルギー情報を確認する。次ページのコミュニケーションノートのように、紙に書くなど、しっかりと意思疎通をする。会話例を参考に、注文ミスなどが起こらないように確認を徹底する。

222

食物アレルギーの方とのコミュニケーションノート

食物アレルギーの方へ
For Those with Food Allergies

わたしたちの体制について

□アレルギーフリーのメニューを用意しています。

Allergen-free Food Available

□既存のメニューからその食品を除去して調理します。

We can cook normal menu items with some ingredients removed.

□キッチンでは、アレルゲンを使用したメニューを作っています。アレルゲンを使用した料理と共通の調理器具を使用しています。

In the kitchen, we cook some food which includes these ingredients. There is a possibility that contamination occurs from kitchenware and so on.

第９章　食に制限がある人対応、
　　　　イスラム教徒、ベジタリアン、食物アレルギーの方への
　　　　接遇とコミュニケーション例

あなたの食物アレルギー情報を書いてください。
To avoid miscommunication and misunderstanding,
please note down your food allergy information

アレルゲンの食材

摂取可能量を教えてください。
How much can you tolerate?

□まったく不可能

None at all

□ごく少量（例コンタミネーション程度）なら問題ない

A little bit (such as contamination) okay.

□ある程度摂取可能

Some OK

□わからない

Not sure

食物アレルギー用の会話例

1. 入店後のお客様から質問を受ける場合

「すみません。私はえびアレルギーがあるんですが…えびなしのメニューってありますか？」

Excuse me. I am allergic to shrimp, so I would like to know whether you have any shrimp-free dishes.

お客様

「少々お待ちください。専門のスタッフがお話を伺います」

スタッフA

Ok, please wait a moment. Our staff familiar with food allergies will come to see you.

第9章 食に制限がある人対応、
　　　イスラム教徒、ベジタリアン、食物アレルギーの方への
　　　接遇とコミュニケーション例

スタッフB

「お待たせしました、担当の堀田と申します。」

Thank you for waiting.
I'm Hotta, an expert in food allergies.

「えびアレルギーと聞いておりますが、間違いないでしょうか?」

I heard that you are allergic to shrimp. Is this true?

お客様「はい、エビアレルギーです」

Yes, I 'm allergic to shrimp.

お客様

スタッフB

「私たちはエビを使用していないメニューもございます。このページのメニューであれば、エビを使用していません。」

We have shrimp-free items, too. Dishes on this page don't contain shrimp.

「ありがとう。ではこのチキンライスをランチ
ミールセットでください。」

Thank you. Then, I want to
order this chicken-rice, as a
lunch meal set.

お客様

「かしこまりました。念のため、あなたのアレ
ルギー情報について質問させてください」

スタッフB

Okay. Well, please let me
ask some questions about
your allergy.

「どうぞ」

Sure.

お客様

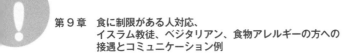

第9章 食に制限がある人対応、
イスラム教徒、ベジタリアン、食物アレルギーの方への
接遇とコミュニケーション例

スタッフB

「わたしどものレストランのキッチンでは、同時に複数の料理を調理しておりまして、何かの拍子にエビパウダーや干しエビのかけらなどが混入する可能性もございます。お客様はエビを、どの程度摂取できそうでしょうか」

In our kitchen, some dishes are getting made at the same time, so there is a possibility that some shrimp powder or small pieces of dried shrimp accidentally get in your dish. So, how much shrimp can you tolerate?

「その程度のごく少量なら大丈夫。問題ないわ」

Small amounts like that are fine. No problem.

お客様

スタッフB

「では、少々お待ちください」

Ok, then please wait for a while.

2. 入店前のお客様からお問い合わせを受ける際

「すみません、うちの娘、食物アレルギーがあるんだけど、対応できるメニューはありますか？」

Excuse me, my daughter has food allergies. Are there any dishes for those with food allergies?

お客様

「アレルゲンによっては、対応可能です。どの食品か、教えていただいてよいでしょうか？」

スタッフ

Yes, but it depends on the food allergen. Could you let me know which food?

「たまごです」

She is allergic to eggs.

お客様

第９章　食に制限がある人対応、
　　　　イスラム教徒、ベジタリアン、食物アレルギーの方への
　　　　接遇とコミュニケーション例

スタッフ

「たまごを使用していないメニューがございます。少々お待ちください…こちらのメニューと、こちらのメニューはたまごを使用していません。付箋をおつけします」

We have egg-free dishes. Please wait a moment. The items on this page and this page don't contain any eggs.

「ありがとう。ちょっとメニューを見てから考えるわね」

Thank you. Let me see the menu.

お客様

.... 数分後 ....

「ぜひおねがいしたいです、席はありますか？」

Excuse me, could you arrange a seat for us?

お客様

230

スタッフ

「席をご用意いたしますね。」

Sure.

································ 席を案内する ································

スタッフ

「ご注文前に、念のために確認させてください。わたしどものレストランのキッチンでは、同時に複数の料理を調理しておりますので、コンタミネーションの可能性がございます。お客様はたまごを、どの程度摂取できそうでしょうか？」

Before you order, please tell me about your allergy information just in case, because our restaurant cooks several dishes at the same time, so there is a possibility of contamination. How much egg can your daughter tolerate?

231

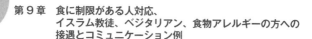

第9章 食に制限がある人対応、
イスラム教徒、ベジタリアン、食物アレルギーの方への
接遇とコミュニケーション例

「白身がまったくダメなの。黄身ならある程度食べても問題ないわ」

She cannot eat egg whites at all. For egg yolks, a little bit is okay.

お客様

スタッフ

「これまでにどんな症状が出たことがありますか？」

What kind of symptoms usually occur?

「ふだんはじんましんが出たりするわ。一番ひどい時はアナフィラキシーショックだけど、もう何年も前ね。2〜3歳の時かしら。最近は気を付けているということもあって、あまりひどい症状は出ないな」

Usually, she breaks out in hives. At worst, she went into Anaphylactic shock, and we had to call an ambulance, but that was years ago, when she was 2-3 years old. These days, we are careful, so her symptoms when they occur are not too severe.

お客様

スタッフ

「承知しました。もし、メニューがお決まりでしたら、今お伺いします」

Thank you, I understand. If you have already decided what you want to order, you can order now.

「この魚介ヌードルのセットをおねがいします」

This fish-noodle set, please

お子様

「わたしはこちらのビーフステーキを」

This beef steak for me, please.

お客様

スタッフ

「魚介のヌードルのセット1つとビーフステーキ1つですね」

One fish-noodle set and one beef steak coming right up.

*coming right up ＝すぐにお持ちします、今から作ります、というニュアンスです。

*特に食物アレルギーの対応をする際は、ミスオーダーを避けるために、オーダーを繰り返しましょう。

233

第9章　食に制限がある人対応、
　　　　イスラム教徒、ベジタリアン、食物アレルギーの方への
　　　　接遇とコミュニケーション例

イスラム教徒・ベジタリアン・食物アレルギー対応をしたらすべき集客術

　トリップアドバイザーや近隣ホテルのチラシ配布に加え、効果のある集客方法をまとめた。

＜イスラム教徒向け＞
・ハラール・グルメ・ジャパン　Halal Gourmet Japan（https://www.halalgourmet.jp/ja）に掲載依頼
　日本を旅行するイスラム教徒が使う、イスラム教徒が利用できる飲食店情報を集めたメディア。掲載は3コースあり、無料のコースもある。

・近所のモスク（イスラム教徒の礼拝施設）とかかわりを持つ
　モスクとは、イスラム教徒が集まって礼拝をする施設。マスジド、ムスジドともいう。近所・市内にイスラム教徒が集まるモスクがあれば、一度あいさつに行き、イスラム教徒対応をはじめた旨を知らせてみよう。日本に住むイスラム教徒同士で利用してくれたり、母国の親兄弟・友人が訪日した際に利用してくれたりと初回の利用があれば、徐々に訪日者・滞日者の間で認知されていくだろう。気に入ってもらえたら、集客や対応のアドバイスももらえるかもしれない。

　モスクは、グーグルマップで「モスク」や「マスジド」「masjid」と検索すると、現在地からの最寄りのモスク情

234

報を見つけることができる。ウィキペディアにも「日本のモスク一覧」のページがあるので、一度調べてみてほしい。

　google mapで「Masjid」と検索した結果。まれにイスラム教のモスクではない、日本の寺院も検索結果に表示される。

<ベジタリアン向け>
・Vegewel　ベジウェル (https://vegewel.com/) に掲載依頼

　日本在住および日本を旅行するベジタリアン向け飲食店情報サイト。掲載は無料。

<共通>
・**自治体や観光協会が発行するイスラム教徒向けマップに掲載依頼**

　一部自治体ではイスラム教徒の観光客向けにイスラム教徒向けのレストラン情報をまとめた冊子を発行している。

横浜市などが発行するムスリム向け・ベジタリアン向けレストランマップ

第9章　食に制限がある人対応、
　　　　イスラム教徒、ベジタリアン、食物アレルギーの方への
　　　　接遇とコミュニケーション例

自治体の産業労働局・観光関連に PR を

　自治体もインバウンド関連、とくにイスラム教徒対応に対しては関心がある。しかし、自治体は事業者の情報を把握できていないのが現状だ。海外の都市と業務提携や姉妹都市提携を、定期的に外国人の要人を受け入れている自治体の場合、食に制限のある外国人向けの食事の確保に難儀するケースもあるという。

　「うちのお店、イスラム教徒向けの対応を始めました。外国人の来賓がくるなど、何かあれば、使ってください」

　「困っている人がいたら、お知らせください」と軽く挨拶する程度でもよいし、「一度、見に来てください」と招待するのでも良い。

市内のホテル協会や観光協会に PR を

　8章でも紹介したが、ホテルは外国人対応をしている飲食店情報を求めている。

　イスラム教徒の宿泊者や向けにケータリングサービスができそうであれば、その旨もアピールするとよい。業務提携につながるだろう

堀田おススメ！ 飲食店がインバウンド 集客・対応関連で役立つ書籍

「この一冊があれば大丈夫！ 飲食店が訪日外国人 への接客力を上げる方法」 内木美樹　金風舎　2017年2月

おすすめポイント→会話例のほか、メニューの英訳例など満載。500人に街頭調査をしたデータをもとに論じ、説得力があります。外国人への接客、対応のヒント満載。トリップアドバイザー、yelpの登録方法が詳細に解説。

「無料でカンタン！儲かる飲食店に変わる Googleマイビジネス超集客術」戎井一憲 日本実業出版　2018年3月

おすすめポイント→ Googleマイビジネスを活用したマーケティングに特化した本。本書では紹介していない機能や、設定方法も詳細に解説している。

食品アレルギーを持つ外国人との コミュニケーションに役立つツール

「アレルギーコミュニケーションノート」東京都福祉保健局発行
福祉保健局で配布しているほか、東京都の食品安全情報サイト「食品衛生の窓」の「食品事業者向け情報」内「飲食店向け食物アレルギー対策について」からダウンロード可能。
　(http://www.fukushihoken.metro.tokyo.jp/shokuhin/allergy/leaflet.html)

第9章　食に制限がある人対応、
　　　　イスラム教徒、ベジタリアン、食物アレルギーの方への
　　　　接遇とコミュニケーション例

店内表記に役立つツール
「SUSHI カレンダー　2018」旭屋出版

おすすめポイント→豊富なすしメニュー、刺身や一品料理等の仕込みから調理まで美味しさを追及した技術やすし屋のこだわりを英語で伝えている。寿司店は店内に掲げれば、外国人客への解説が容易になりそう。市販されていないため、購入は旭屋出版販売部までメール hanbaibu@asahiya-jp.com にて問い合わせ。

ゼネラルステッカー社の表記ステッカー

おすすめポイント→「列に並んでください　Please stand in line」「やけど注意（HOT SURFACE）」など、飲食店が使えるサインを日本語・英語併記で作成・販売している。Amazon などでも販売中。

著者プロフィール

堀田実希
<small>ほったみきほ</small>

合同会社　訪日インバウンド対応総合研究所　代表社員
インドネシア語・英語翻訳・通訳 / 外国人誘客コンサルタント。
1986年生まれ、岐阜県出身、神奈川県川崎市在住。

マレーシアの現地高校への交換留学、南山大学外国語学部アジア学科を経て、インドネシアの日刊邦字紙に入社。帰国後、記者時代に培った洞察力とネットワーク、英語・インドネシア語・日本語のマルチリンガルを強みに、合同会社　訪日インバウンド対応総合研究所を設立。イスラム教徒集客や、ゲストハウスの立ち上げ・集客サポートを行う。
合同会社　訪日インバウンド対応総合研究所の公式ウェブサイト（https://www.jp-inbound.com) では不定期で、飲食店がそのまま使える英語・多言語表記をアップしている。ダウンロード無料。
東京都の飲食店向け外国人受入対応アドバイザー派遣、ミラサポの専門家派遣などでインバウンド対応・誘客アドバイザーとしても活躍中。外国人向けのサービスとして、川崎大師地区の商店街連携した着地型旅行を企画中。

英語ができなくてもできる！
訪日外国人からの評判を高める
飲食店の対策集

発行日　2018年5月16日　初版発行

著　者　堀田　実希　　Mikiho Hotta

発行者　早嶋　茂
制作者　永瀬正人
発行所　株式会社旭屋出版
　　　　東京都港区赤坂1-7-19キャピタル赤坂ビル8階　〒107－0052
　　　　電　話 03－3560－9065（販売）
　　　　　　　 03－3560－9066（編集）
　　　　ＦＡＸ 03－3560－9071（販売）

　　　　旭屋出版ホームページ　http://www.asahiya-jp.com
　　　　郵便振替　00150－1－19572

監訳者　Lukas Sylvano Bonick (on the marks kawasaki)
編　集　井上久尚
デザイン　株式会社スタジオゲット
イラスト　ミナミユウコ

印刷・製本　株式会社シナノ

ISBN978-4-7511-1317-2　　C2034

定価はカバーに表示してあります。
落丁本、乱丁本はお取り替えします。
無断で本書の内容を転載したりwebで記載することを禁じます。
ⓒ Mikiho Hotta, 2018 Printed in Japan.